CATALOGUE
DES LIVRES

COMPOSANT LA

BIBLIOTHÈQUE DE FEU M. GUIZOT

DEUXIÈME PARTIE.
THÉOLOGIE. — JURISPRUDENCE. — SCIENCES. — ARTS DIVERS.
AUTOGRAPHES.

DONT LA VENTE AURA LIEU

Le lundi 26 avril 1875, et les six jours suivants
à sept heures et demie très-précises

Rue des Bons-Enfants, 28 (maison Silvestre)
SALLE N° 1

Par le ministère de Mᵉ Charles **PILLET**, commissaire-priseur,
Rue de la Grange-Batelière, 10.

PARIS
ADOLPHE LABITTE
LIBRAIRE DE LA BIBLIOTHÈQUE NATIONALE
4, rue de Lille, 4

1875

CATALOGUE
DES LIVRES

COMPOSANT LA

BIBLIOTHÈQUE DE FEU M. GUIZOT.

ORDRE DES VACATIONS.

Première vacation. — *Lundi* 26 *avril* 1875.
N°s 2601 à 2797

Deuxième vacation. — *Mardi* 27 *avril*.
2798 à 3000

Troisième vacation. — *Mercredi* 28 *avril*.
3001 à 3193

Quatrième vacation. — *Jeudi* 29 *avril*.
3194 à 3389

Cinquième vacation. — *Vendredi* 30 *avril*.
3390 à 3596

Sixième vacation. — *Samedi* 1er *mai*.
3597 à 3783

Septième vacation. — *Lundi* 3 *mai*.
Lettres autographes, 3784 à 3851

CONDITIONS DE LA VENTE.

La vente se fait au comptant.

Il y aura exposition des livres, chaque jour de vente, de DEUX heures à QUATRE.

Les livres vendus devront être collationnés sur place dans les vingt-quatre heures de l'adjudication. Passé ce délai, ou une fois sortis de la salle de vente, ils ne seront repris pour aucune cause.

Les acquéreurs payeront 5 centimes par franc en sus des enchères, applicables aux frais.

Le libraire, chargé de la vente, remplira les commissions des personnes qui ne pourraient y assister, aux conditions d'usage.

Paris. — Typographie Georges Chamerot, rue des Saints-Pères, 19.

CATALOGUE
DES LIVRES

COMPOSANT LA

BIBLIOTHÈQUE DE FEU M. GUIZOT

DEUXIÈME PARTIE.

THÉOLOGIE. — JURISPRUDENCE. — SCIENCES. — ARTS DIVERS.
AUTOGRAPHES.

DONT LA VENTE AURA LIEU

Le lundi 26 avril 1875, et les six jours suivants
à sept heures et demie très-précises

Rue des Bons-Enfants, 28 (maison Silvestre)
SALLE N° 1

Par le ministère de Me Charles **PILLET**, commissaire-priseur,
Rue de la Grange-Batelière, 10.

PARIS
ADOLPHE LABITTE
LIBRAIRE DE LA BIBLIOTHÈQUE NATIONALE
4, rue de Lille, 4

1875

CATALOGUE
DES LIVRES

COMPOSANT LA

BIBLIOTHÈQUE DE FEU M. GUIZOT.

DEUXIÈME PARTIE.

THÉOLOGIE.—JURISPRUDENCE.—SCIENCES.—ARTS DIVERS.
AUTOGRAPHES.

THÉOLOGIE.

I. RELIGIONS ANCIENNES.

1. *Généralités.*

2601. RELIGIONS DE L'ANTIQUITÉ, considérées principalement dans leurs formes symboliques et mythologiques, traduit de l'allemand du docteur Frédéric Creuzer, par J.-D. Guigniaut. *Paris, Treuttel et Würtz,* 1825-1841, 11 parties en 10 volumes in-8, demi-rel. v. f. figures.
Bel exemplaire.

2. *Religions orientales.*

2602. RIG-VÉDA, ou Livre des hymnes, traduit du sanscrit, par M. Langlois. *Paris, F. Didot,* 1848-51, 4 vol. in-8, demi-rel. v. f.

2603. Krichna et sa doctrine, Bhagavat Dasam Askand, dixième livre du Bhagavat Pourana, traduit par Théodore Pavie. *Paris, Benj. Duprat,* 1852, gr. in-8, demi-rel. v. v.

G.   1

THÉOLOGIE.

2604. Commentaire sur le Yaçna, l'un des livres religieux des Parses, par Eugène Burnouf. *Paris, Impr. royale,* 1833, in-4, demi-rel. v. ant.
Tome Ier seul publié.

2605. Recherches sur Buddou ou Bouddou, précédées de considérations générales sur les premiers hommages rendus au Créateur, par François Ozeray. *Paris,* 1817, in-8, reliure de dédicace.

2606. Manava-Dharma-Sastra, lois de Manou, comprenant les institutions religieuses et civiles des Indiens, traduites du sanscrit et accompagnées de notes explicatives, par A. Loiseleur-Deslongchamps. *Paris, imprimerie de Crapelet,* 1833, in-8, demi-rel. v. ant.

2607. Lectures on the history of the Jewish Church, by Arthur Penrhyn Stanley. *London, John Murray,* 1863, gr. in-8, cart. en percal. non rog.

2608. Le Guide des égarés, traité de théologie et de philosophie, par Moïse Ben Maïmoun dit Maïmonide, publié par S. Munk. *Paris, A. Franck,* 1856, gr. in-8, demi-rel. v. f.
Tome Ier avec le texte hébreu. Rare.

2609. La Kabbale, ou la Philosophie religieuse des Hébreux, par Ad. Franck. *Paris, L. Hachette,* 1843, in-8, demi-rel. v. f. ant. tr. jasp.

2610. Les Doctrines religieuses des Juifs, par Michel Nicolas. *Paris, M. Lévy,* 1860, in-8, demi-rel. v. f.

2611. Religion der Kartager, von Fried Münter. *Kopenhagen,* 1821. — Religion der Babylonier, 1827. 2 part en 1 vol. in-4, cartonné.

2612. Seldenus. De Diis Syris syntagma. *Lipsiæ,* 1678, in-12, vélin.

2613. Exposé de la religion des Druzes, tiré des livres religieux de cette secte, par M. le baron Silvestre de Sacy. *Paris, Impr. royale,* 1838, 2 vol. in-8, demi-rel. v. v.

3. *Religion des Grecs et des Romains.*

2614. Essai sur la religion des anciens Grecs. *Genève, Barde,* 1787, 2 part. en 1 vol. in-8, v. marbr.

2615. Le Sentiment religieux en Grèce d'Homère à Eschyle, étudié dans son développement moral et dans son caractère dramatique, par Jules Girard. *Paris, L. Hachette,* 1869, in-8, demi-rel. v. f. tr. jasp.

THÉOLOGIE.

2616. Jupiter. Recherches sur ce dieu, sur son culte et sur les monuments qui le représentent, ouvrage précédé d'un essai sur l'esprit de la religion grecque, par T.-B. Emeric David. *Paris, Imprimerie royale*, 1833, 2 vol. in-8, figure, demi-rel. v. ant. tr. marbr.

2617. Du Polythéisme romain, ouvrage posthume de Benjamin Constant, précédé d'une introduction de M. J. Matter. *Paris, Béchet aîné*, 1833, 2 vol. in-8, demi-rel. v. f. fil. tr. jasp.

2618. Oracula sibyllina, curante Alexandre. *Parisiis, Didot*, 1841, 2 tomes en 3 vol. in-8, demi-rel.

2619. Oracula sibyllina (græce et latine), editio altera ex priore ampliore contracta.... curante C. Alexandre. *Parisiis, apud F. Didot*, 1869, gr. in-8, demi-rel. v. f. (*Envoi d'auteur.*)

2620. Oracula sibyllina, curante C. Alexandre. *Parisiis, apud F. Didot*, 1853, gr. in-8, demi-rel. mar. br. (*Envoi d'auteur signé.*)

2621. La Religion romaine d'Auguste aux Antonins, par Gaston Boissier. *Paris, Hachette*, 1874, 2 vol. in-8, br.

2622. Were human sacrifices in use among the Romans. Correspondence on these question between Macaulay, sir Robert Peel and lord Mahon. *London*, 1860, in-8, demi-rel.

Très-rare. Envoi autographe de Stanhope.
Dans le même volume :
Memoirs of the Hon. Nathan Appleton. *Boston*, 1861, et autres pièces.

2623. Histoire de la destruction du paganisme en Occident, par A. Beugnot. *Paris, F. Didot*, 1835, 2 vol. in-8, demi-rel. v. viol. dos orné.

2624. Histoire de la destruction du paganisme dans l'empire d'Orient, par Etienne Chastel. *Paris, Joel Cherbuliez*, 1850, in-8, demi-rel. v. viol.

2625. De l'Arianisme des peuples germaniques qui ont envahi l'empire romain, par Jules Revillout. *Paris, veuve Joubert*, 1850, in-8, demi-rel. v. f. tr. jasp.

2626. Le Glaive runique, ou la Lutte du paganisme scandinave contre le christianisme, par Charles-Auguste Nicander, traduit du suédois, suivi de notes..., par Léouzon Leduc. *Paris, Sagnier et Bray*, 1846, in-8, demi-rel. v. ant. (*Envoi d'auteur.*)

II. CHRISTIANISME.

1. *La sainte Bible, Jésus-Christ et les Apôtres.*

2627. La Sainte Bible, en latin et en français, accompagnée de notes explicatives, par M. l'abbé Glaire. *Paris, A. Saintin*, 1834, 3 vol. in-4, demi-rel. mar. n.

2628. The Holy Bible translated out of the original tongues. *Oxford*, 1821, in-8, n. tr. dor.

2629. La Sainte Bible, Ancien Testament, traduction nouvelle, d'après le texte hébreu, par Louis Segond. *Genève, A. Cherbuliez*, 1874, 2 vol. gr. in-8, demi-rel. v. bleu. fil.

2630. Essais sur le Pentateuque, ou éclaircissements sur les principales difficultés que présente la lecture des livres de Moïse, par J.-N. Grandpierre, pasteur de l'église réformée de Batignolles. *Paris, R. Delay*, 1844, in-8, demi-rel. chag. vert, jans. tr. jasp.

2631. Genesis und Exodus, von Joseph Diemer. *Wien*, 1862, 2 vol. in-8, br.

2632. Les Quatre Livres des Rois, traduits en français du XIIe siècle, suivis d'un fragment de moralités sur Job, et d'un choix de sermons de saint Bernard, publiés par M. Le Roux de Lincy. *Paris, Impr. royale*, 1841, in-4, v. ant. fil, dos orné, non rog.

Exemplaire en grand papier vélin.

2633. Études critiques sur la Bible, Ancien Testament, par Michel Nicolas. *Paris, Mich. Lévy*, 1862, in-8, demi-rel. chagr. rouge, tr. jasp.

2634. Hector de Saint-Maur, le Psautier. *Paris, Ch. Douniol*, 1865. — Les Psaumes, traduction nouvelle, par J. Claude. *Paris, Mich. Lévy fr.*, 1858. Ens. 2 vol. in-12, demi-rel. chagr. brun, tr. jasp.

2635. An Arrangement of the genealogies in the old Testament and apocrypha; to which are added, from the same authorities, a selection of single nomes and chronological tables of the kings of Egypt, Syria and Assyria ;... by the rev. Gilbert Burrington. *London, C. and J. Rivington*, 1836, 2 vol. in-4, portrait, rel. en v. r. tr. dor.

2636. Chrestomathie biblique, ou Choix de morceaux de l'Ancien Testament, traduits du texte hébreu, et accompagnés de sommaires et de notes, par Louis Segond. *Genève et Paris*, 1864, in-8, demi-rel. v. bleu, tr. jasp.

THÉOLOGIE.

2637. Qu'est-ce que la Bible, d'après la nouvelle philosophie allemande? par Hermann Ewerbeck. *Paris, Ladrange et Garnier fr.*, 1850, in-8, demi-rel. chagr. br. tr. jasp.

2638. Essai sur la Bible, par Antoine Curchod. *Lausanne. G. Bridel*, 1858, 2 vol. in-12, demi-rel. v. f.

2639. Études critiques sur la Bible, Ancien Testament, par M. Nicolas. *Paris, M. Lévy*, 1862, in-8, demi-rel. v. f.

2640. Fr. Bleek. Einleitung in das Alte Testament. *Berlin*, 1865, 2 vol. in-8, demi-rel. v. f.

2641. La Sainte Bible, résumée dans son histoire et dans ses enseignements, par H. Wallon. *Paris, L. Hachette*, 1867, 2 vol. in-12, demi-rel. v. f.

2642. Novi Testamenti Prolegomena, authore Tischendorf. *Lipsiæ*, 1859, in-8, cartonné.

2643. Novum Testamentum græce, recensuit Tischendorf. *Parisiis*, 1842, in-12, mar. bl. fil, tr. dor.

2644. Novum Testamentum græce, edidit Tischendorf. *Lipsiæ*, 1859, in-8, demi-rel. mar. n.

2645. Le Nouveau Testament de N.-S. Jésus-Christ, traduit en français sur la Vulgate, auquel on a joint la sainte Messe, pour la commodité des fidèles, par l'abbé Valart. *A Limoges, et se trouve à Lyon*, 1796, 2 vol. in-12, bas.

2646. Le Nouveau Testament de N.-S. Jésus-Christ, traduit en français par Mesenguy; nouvelle édition avec une préface, par M. Silvestre de Sacy. *Paris, J. Techener*, 1860, 3 vol. in-16, demi-rel. mar. n.

2647. Les Livres du Nouveau Testament, traduits pour la première fois d'après le texte grec le plus ancien, avec les variantes de la Vulgate latine, par Alb. Rilliet. *Paris, Genève*, 1859, fort in-8, demi-rel. v. f. tr. jasp.

2648. The New Testament of our Lord and Saviour Jesus-Christ, translated out of the original greek and with the former translations diligently compared and revised. *Edinburgh*, 1824, in-8, v. ant. dent. à froid, tr. dor. avec les armes royales d'Angleterre posées à froid sur les plats.

2649. Codex Ephræmi Syri rescriptus, sive fragmenta Novi Testamenti e codice græco parisiensi quinti ut videtur post Christum seculi eruit atque edidit Constantinus Tischendorf. *Lipsiæ, Tauchnitz*, 1843, in-4, chagr. noir, compart. tr. dor.

2650. Paulus. Commentar über das Neue Testament. *Lubeck*, 1804, 4 vol. in-8, demi-rel.

THÉOLOGIE.

2651. Thiersch. Herstellung des historischen Standpuncts für die Kritik der Neutestamentlichen Schriften. *Erlangen*, 1845, in-8, demi-rel. v. f.

2652. Introduction historique et critique aux livres du Nouveau Testament, par Reithmayr, Hug. Tholuck, etc., traduite et annotée par H. de Valroger. *Paris, J. Lecoffre*, 1871, 2 vol. in-8, demi-rel, v. f. tr. jasp.

2652 *bis*. Introduction historique et critique aux livres du Nouveau Testament, par Reithmayr, Hug. Tholuck, etc., traduite et annotée par H. de Valroger. *Paris, J. Lecoffre*, 1861, 2 vol. in-8, br.

2653. Die Geschichte der heiligen Schriften Neuen Testaments, entworfen von Ed. Reuss. *Braunschweig*, 1864, in-8, demi-rel. v. f.

2654. B. Weiss. Lehrbuch der biblischen Theologie des Neuen Testaments. *Berlin*, 1868, in-8, demi-rel. v. bl.

2655. Neutestamentliche Isagogik, von H.-E.-F. Gnericke. *Leipzig*, 1868, in-8, demi-rel. v. f.

2656. Les Évangiles, traduction nouvelle, avec des notes et des réflexions, par F. Lamennais, avec gravures sur acier d'après Gigoli, le Guide, Murillo, Overbeck, Raphaël, etc. *Paris, Pagnerre*, 1846, gr. in-8, figures, demi-rel. v. f.

2657. Les Évangiles, par Gustave d'Eichthal. *Paris, L. Hachette*, 1863, in-8, demi-rel. v. f. tr. jasp. (*Envoi d'auteur.*)

2658. Gieseler. Geschichte der schriftlichen Evangelien. *Leipzig*, 1818. — Die Evangelien Frage, von Weisse, 1856, 2 vol. in-8, demi-rel.

2659. Commentaire sur l'Évangile de saint Jean, par F. Godet. *Paris*, 1864, in-8, demi-rel. v. f. tr. jasp.

2660. Essai d'interprétation de quelques pages de l'Évangile selon saint Matthieu. *Paris, Ch. Meyrueis*, 1860, in-8, demi-rel. v. f.

2661. Commentar über das Evangelium des Johannes, von Fr. Lucke. *Bonn*, 1840, 2 vol. in-8, demi-rel.

2662. Die synoptischen Evangelien, ihr geschichtlicher Charakter, von Holtzmann. *Leipzig*, 1863, in-8, demi-rel. v. f.

2663. Synopsis evangelica, par Constantin Tischendorff. *Lipsiæ*, 1864. — Jésus-Christ et les croyances messianiques de son temps, par T. Colani. *Strasbourg*, 1864. — La Bible en France, par Em. Pétavel. *Paris*, 1864, in-8, demi-rel. v. f.

THÉOLOGIE.

2664. De la Croyance due à l'Évangile, examen critique de l'authenticité des textes et de la vérité des récits évangéliques, par H. Vallon. *Paris, Adrien Le Clère*, 1866, in-8, demi-rel. v. f. tr. jasp.

2665. Wissenschaftliche Kritik der Evangelischen Geschichte, von Ebrard. *Frankfort*, 1868, gr. in-8, demi-rel. v. f.

2666. Sur les Dates des Evangiles, par Tischendorf, de Groot, 1866-68, in-12, demi-rel. v. f.

2667. Études sur les Évangiles apocryphes, par Michel Nicolas. *Paris, Michel Lévy frères*, 1866, in-8, demi-rel. v. f. tr. jasp.

2668. Remains of a very antient recension of the four Gospels in syriac, hitherto unknown in Europe; discovered, edited, and translated by William Cureton. *London, John Murray*, 1858, in-4, cart. en percal. non rog.

2669. Corpus Ignatium : a complete collection of the Ignatian epistles,... in syriac, greek and latin : an english translation, copious notes, and introduction by William Cureton. *London, Rivington*, 1849, gr. in-8, cart. en percal. non rog.

2670. The Epistles of saint Paul, to the Thessalonians, Galatians, Romans, with critical notes and dissertations, by Benjamin Jowett. *London, Murray*, 1855, 2 vol. in-8, cartonnés.

2671. Ernesti. Die Theorie vom Ursprunge der Sünde. *Göttingen*, 1862, in-8, demi-rel. v. f.

2672. Haldane. Evidence and authority of divine revelation. *London*, 1839, 2 vol. — Exposition of the Epistle of the Romans, 3 vol. — Ensemble 5 vol. in-12, cart. (*Envoi de l'auteur.*)

2673. Les Actes des Apôtres, traduction nouvelle, accompagnée de notes, avec le texte latin en regard, par M. l'abbé Crampon. *Paris, Haton*, 1872, in-8, demi-rel. v. vert.

2675. Études critiques sur la Bible. — Nouveau Testament, par M. Nicolas. *Paris, M. Lévy*, 1864, in-8, demi-rel. v. f.

2676. Histoire de la Passion de Jésus-Christ, composée par le R. P. Olivier Maillard, publiée en 1828 avec une notice sur l'auteur, des notes, etc., par G. Peignot. *Paris, impr. de Crapelet*, 1828, gr. in-8, pap. vél. cart. n. rog.

2677. Jésus-Christ et sa doctrine, Histoire de la naissance de l'Église, de son organisation et de ses progrès pendant le premier siècle, par J. Salvador. *Paris, A. Guyot et Scribe*, 1838, 2 vol. in-8, demi-rel. v. f. tr. jasp.

2678. Jésus-Christ et sa doctrine, Histoire de la naissance de l'Eglise et de ses progrès pendant le premier siècle, par J. Salvador. *Paris, Michel Lévy frères,* 1864-65, 2 vol. in-8, demi-rel. v. f.

2679. Vie de Jésus, ou Examen critique de son histoire, par le docteur David-Frédéric Strauss, traduite de l'allemand par E. Littré. *Paris, Ladrange,* 1856, 3 vol. in-8, demi-rel. v. f. tr. jasp.

2680. Strauss. Das Leben Jesu. *Leipzig,* 1864. — Schleiermacher. Das Leben Jesu. *Berlin,* 1864. — Schenkel. Das Charakterbild Jesu, 1864. — Ens. 3 vol. in-8, demi-rel.

2681. Entwickelungsgeschichte der Lehre von der Person Christi, von Dorner. *Stuttgart,* 1851, 4 t. en 2 vol. demi-rel. mar.

2682. Das Leben Jesu-Christi, dargestellt von Aug. Neander. *Hamburg,* 1852, in-8, demi-rel.

2683. Le Rôle de Jésus et des Apôtres, par le docteur J.-M. Rabbinowicz. — Saint François de Sales prédicateur, par l'abbé H. Sauvage. — Dissertation sur l'apostolat de saint Martial, par l'abbé Arbelot. *Paris,* 1855-74, 3 br. in-8.

2684. Christologie, ou Essai sur la personne et l'œuvre de Jésus-Christ en vue de la conciliation des églises chrétiennes, par Athanase Coquerel. *Paris, J. Cherbuliez,* 1858, 2 vol. in-12, demi-rel. v. f. tr. jasp.

2685. Le Christ et les Antechrists dans les Ecritures, l'histoire et la conscience, par V. Dechamps. *Paris, Casterman,* 1858, gr. in-8, demi-rel. maroq. brun, tr. jasp.

2686. Vie du Seigneur Jésus, leçons publiques par C.-J. Riggenbach, traduit de l'allemand par G. Steinheil. *Paris, Ch. Meyrueis,* 1864, in-8, demi-rel. v. f. tr. jasp.

2687. L'Homme-Dieu, conférences prêchées à la métropole de Besançon, par M. l'abbé Besson. *Paris, Ambr. Bray,* 1865, in-8, demi-rel. v. fr.

2688. Le Christ de la tradition, par Mgr Landriot, évêque de la Rochelle et Saintes. *Paris, V. Palmé,* 1865, 2 vol. in-8, demi-rel. v. f. tr. jasp.

2689. Vie de N.-S. Jésus-Christ selon la concordance des quatre évangélistes, avec une introduction et des notes par H. Vallon. *Paris, L. Hachette,* 1865, in-12, demi-rel. v. bleu, tr. jasp. (*Envoi d'auteur à M. Guizot.*)

2690. Ecce Homo, a survey of the life and work of Jesus-Christ. *London,* 1866, in-8, cart. n. rog.
Note autographe de M. Guizot.

THÉOLOGIE.

2691. Jésus-Christ, son temps, sa vie, son œuvre, par E. de Pressensé. *Paris, Ch. Meyrueis, s. d.*, in-8, demi-rel. v. f. tr. jasp.

2692. La Vie de N.-S. Jésus-Christ, par Louis Veuillot. *Paris, Perisse frères*, 1864, in-8, demi-rel. v. f.

2693. Vie de Jésus, par Ernest Renan. *Paris, Michel Lévy frères*, 1863, in-8, demi-rel. v. f. tr. jasp.
Première édition.

2694. Renan (Ern.). Vie de Jésus, 11e édition. — Vie de Jésus, 13e édition. *Paris, Michel Lévy frères*, 1864-67, 2 vol. in-8, demi-rel. v. f. et demi-rel. dos et coins de v. viol. tr. jasp.

2695. Jésus, par Ernest Renan. *Paris, Michel Lévy frères*, 1864. — Jésus-Christ, réponse à M. Renan, par A. Gratry. *Paris, H. Plon*, 1864, 2 ouvr. en 1 vol. pet. in-12, demi-rel. v. f. tr. jasp.

2696. Mélanges contre la Vie de Jésus, de M. Renan. In-8, demi-rel. v. v.
M. Renan réfuté par les rationalistes allemands, par l'abbé Meignon. *Paris*, 1863. — Examen de la Vie de Jésus de M. Renan, par M. Poujoulat. *Paris*, 1863. — Examen critique de la vie de Jésus, par M. l'abbé Freppel. *Paris*, 1863, etc.

2697. L'Antechrist, par Ernest Renan. *Paris, Michel Lévy*, 1873, in-8, demi-rel. v. bleu.
Première édition.

2698. Histoire élémentaire et critique de Jésus, par A. Peyrat. *Paris, M. Lévy*, 1864, in-8, demi-rel. v. f. — Le Christianisme dans l'âge moderne, 1520-1800, par E. Chastel. *Paris, J. Cherbuliez*, 1864, in-12, demi-rel. v. bl. — Nouveaux Sermons, par T. Colani. *Strasbourg, Treuttel*, 1860, in-12, demi-rel. v. v.

2699. Histoire de l'établissement et de la direction de l'Église chrétienne par les Apôtres, traduite de l'allemand du Dr Néander, par Ferd. Fontanès, l'un des pasteurs de l'église réformée de Nismes. *Paris*, 1836, in-8, demi-rel. v. ant. tr. jasp.

2700. Die Apostelgeschichte, von Baumgarten. *Braunschweig*, 1859, 2 vol. in-8, demi-rel. v. ant.

2701. Les Apôtres, par Ern. Renan. *Paris, Michel Lévy fr.*, 1866, in-8, demi-rel. v. f. tr. jasp.

2702. Horæ Paulinæ, ou la Vérité de l'histoire de saint Paul, par William Paley. *Nismes*, 1809, in-8, demi-rel. v. viol.

2703. Saint Paul et Sénèque, par Amédée Fleury. *Paris, Ladrange*, 1853, 2 vol. in-8, demi-rel. maroq. viol. tr. jasp.

2704. Saint Paul, sa vie et ses œuvres, par M. Vidal, curé de Notre-Dame de Bercy. *Paris, Aug. Vaton*, 1863, 2 vol. in-8, demi-rel. v. f. tr. jasp.

2705. Five Lectures on the character of S. Paul, by the reverend Howson. *London, Longman*, 1864, in-8, demi-rel.

2706. Paulus, der Apostel, sein Leben und Wirken, von Baur. *Leipzig*, 1866, 2 tomes en 1 vol. in-8, demi-rel. v. f.

2707. Saint Paul, sa vie, son œuvre et ses épîtres, par Félix Bungener. *Paris, J. Cherbuliez*, 1867, in-12, demi-rel. v. bleu.

2708. L'Apôtre saint Paul. Étude historique, par M. Aug. Trognon. *Paris, Ch. Douniol*, 1869, in-8, demi-rel. v. viol. tr. jasp.

2709. Saint Paul, par Ern. Renan. *Paris, Michel Lévy*, 1869, in-8, demi-rel. v. f. tr. jasp.

2710. L'Apôtre Paul. Esquisse d'une histoire de sa pensée, par A. Sabatier. *Strasbourg, Treuttel et Würtz*, 1870, in-8, demi-rel. v. f.

2711. Le Vrai saint Paul, par Paul Vallotton. *Paris, Ch. Meyrueis*, 1870, in-12, demi-rel. v. f.

2. *Ouvrages mystiques. Vies des saints.*

2713. Choix d'ouvrages mystiques, avec notices littéraires, par J.-A.-C. Buchon. Saint Augustin, Boèce, saint Bernard, Gerson, etc... *Paris, A. Desrez*, 1835, gr. in-8 à 2 col. demi-rel. chagr. vert, dos orné.

2714. Choix d'ouvrages mystiques traduits du latin en français. *Paris, A. Desrez*, 1835, gr. in-8 à 2 col. demi-rel. v. bl.

2715. De Imitatione libri IV, latine studio Gence. *Parisiis*, 1826, in-8, demi-rel.

2716. L'Imitation de Jésus-Christ, traduction nouvelle par M. l'abbé F. de Lamennais. *Paris, A. Bray*, 1859, gr. in-8, fig. demi-rel. v. f.

2717. Appréciation positive de l'Imitation de Jésus-Christ, ou de l'Assimilation à l'humanité, par Willem de Constant Rebecque. *La Haye*, 1860, in-8, portr. demi-rel. mar. v.

2718. Les Confessions de madame de la Vallière repentante, écrites par elle-même et corrigées par Bossuet, avec un commentaire historique et littéraire par M. Romain Cornut. *Paris, Didier*, 1855, in-12, demi-rel. v. ant.

2719. Les Œuvres et la vie de madame de la Mothe Guyon. *Paris*, 1790, 35 vol. pet. in-8, br.

2720. Études sur la collection des Actes des saints, par les RR. PP. Jésuites bollandistes, suivies d'un recueil de pièces inédites par le R. P. dom Pitra. *Paris, J. Lecoffre*, 1850, in-8, demi-rel. mar. r.

2721. Sainte Marie Madeleine, par le R. P. Lacordaire. *Paris, V° Poussielgue-Rusand*, 1860, in-8, demi-rel. mar. v.

2722. La Vie et légende de monsieur saint Françoys; nouvelle édition, publiée par le prince Augustin Galitzin. *Paris, Ch. Douniol*, 1865, in-8, pap. de Holl. demi-rel. v. bl.

2723. Les Miracles de saint Benoît, écrits par Adrevald, Aimoin, André, Raoul Tortaire et Hugues de Sainte-Marie, réunis et publiés... par E. de Certain. *Paris, V° J. Renouard*, 1858, gr. in-8, demi-rel. v. f. fil.

2724. Vie de saint Léonard, solitaire en Limousin, ses miracles et son culte, par l'abbé Arbellot. *Paris, J. Lecoffre*, 1863, in-8, demi-rel. v. f.

2725. Church. Life of S. Anselm. — F. Guizot. S. Louis and Calvin. — Oliphant. Francis of Assisi. — *London, Macmillan*, 1870, 3 vol. pet. in-8, cart.

2726. Histoire de sainte Élisabeth de Hongrie, duchesse de Thuringe (1207-1231), par le comte de Montalembert. *Paris*, 1836, in-4, figures sur chine, demi-rel. v. f. tr. jasp.

2727. Saint Vincent de Paul peint par ses écrits, ou Recueil de maximes, conseils et lettres, extraits et mis en ordre par M. Gossin. *Paris, J.-J. Blaise*, 1834, in-8, portrait et fac-simile, demi-rel. v. bleu.

2728. Vie de Mme de Chantal, par J. Malaurie. *Paris et Lyon*, 1848, in-8, demi-rel. chagr. brun, tr. jasp.

3. Conciles. — Liturgie.

2729. Sacrosancta concilia, edidit Labbeus. *Lutetiæ Parisiorum*, 1671, 18 vol. in-fol. v.

Les tomes XXVII et XXVIII forment l'*apparatus*, mais il manque à la collection les tomes III, IV, X et XVI.

2730. Étude historique sur le concile de Trente, par L. Maynier. Ire partie, 1545-1562. *Paris, Didier*, 1874, in-8, br.

2731. MAGNUM BULLARIUM ROMANUM. *Luxemburgi*, 1742-1754, 18 vol. in-fol. reliés en 10 vol. peau de truie.

2732. Dictionnaire liturgique, historique et théologique de plain-chant et de musique d'église au moyen âge et dans les temps modernes, par M. J. d'Ortigue. *Paris, L. Potier*, 1854, in-4 à 2 col. demi-rel. chag. br. (*Envoi d'auteur*.)

2733. L'Office de la quinzaine de Pâques, suivant le nouveau bréviaire de Paris et de Rome, en latin et en françois. *Paris, chez de Hansy*, 1787, in-12, figure, bas. fil. tr. dor.

4. *Histoire du christianisme.* — *Histoire des papes.*

2734. Historiæ ecclesiasticæ Scriptores græci, nempe: Eusebii... Socratis Scholastici... Theodori Lectoris... Hermiæ Sozomeni Salaminii, Evagrii Scholastici Epiphanensis; græco-latine nunc primum editi, ex interpretatione Joannis Christophorsoni. *Coloniæ Allobrogum, excud. Petrus de la Rovière*, 1612, in-fol. à 2 col. rel. en bas. (*Aux armes.*)

2735. Abrégé de l'histoire ecclésiastique, contenant les événements considérables de chaque siècle. *Cologne*, 1767, 13 vol. in-4, v.

2736. Cours d'histoire ecclésiastique, par l'abbé P.-S. Blanc. Introduction. *Paris, Gaume frères*, 1841, in-8, demi-rel. v. v. n. rog.

2737. Le Christianisme et ses origines, par Ernest Havet. *Paris, M. Lévy*, 1871, 2 vol. in-8, demi-rel. v. viol. (*Envoi d'auteur*.)

2738. Histoire générale de l'établissement du christianisme dans toutes les contrées où il a pénétré, depuis le temps de Jésus-Christ, d'après l'allemand de C.-J. Blumhardt. *Valence et Genève*, 1838, 4 vol. in-8, demi-cart. n. rog.

2739. History of the martyrs in Palestine, by Eusebius, bishop of Cæsarea. *London*, 1861, in-8, cart.

2740. Apostles of mediæval Europe, by R. G. F. Maclear. *London, Macmillan*, in-12, demi-rel. mar.

2741. Mémoires pour servir à l'histoire ecclésiastique des six premiers siècles de l'Eglise, par Le Nain de Tillemont. *Paris*, 1693, 16 vol. in-4, v.

2742. Histoire des trois premiers siècles de l'Église chrétienne, par E. de Pressensé. *Paris*, 1858, 3 vol. in-8, demi-rel. v. f.

2743. Baur. Kirchengeschichte der drei ersten Jahrhunderte. *Tubingen*, 1863, in-8, demi-rel. v. f.

2744. Histoire de la charité pendant les quatre premiers siècles de l'ère chrétienne, pour servir d'introduction à l'histoire des secours publics dans les sociétés modernes, par Martin Doisy. *Paris, J. Lecoffre*, 1848, in-8, demi-rel. chagr. viol. tr. jasp.

2745. La Charité chrétienne dans les premiers siècles de l'Église, par le comte Franz de Champagny. *Paris, Ch. Douniol*, 1854, in-12, demi-rel. v. r. — Rome et le cœur humain. Etudes sur le catholicisme, par F. Bungener. *Paris, Cherbuliez*, 1861, in-12, demi-rel. mar. r.

2746. Allgemeine Geschichte der christlichen Kirche, von Henke. *Brunsweig*, 1800, 6 vol. in-8, demi-rel.

2747. Geschichte der christlichkirchlichen Gesellschaftverfassung, von Planck. *Hannover*, 1803, 6 vol. in-12, demi-rel.

2748. Gieseler. Lehrbuch der Kirchengeschichte. *Bonn*, 1827, 3 t. en 2 vol. in-8, demi-rel. v. f.

2749. Origines de l'Église romaine, par les membres de la communauté de Solesmes. *Paris, Debécourt*, 1836, in-4, v. demi-rel. ant. (Tome Ier.)

2750. The History of Christianity, by the rev. H. H. Milman. *London, J. Murray*, 1840, 3 vol. in-8, cart. n. rog. (*Envoi d'auteur.*)

2751. Algemeine Geschichte der christlichen Religion und Kirche, von Aug. Neander. *Hamburg*, 1852, 6 tomes en 10 vol. in-8, demi-rel.

2752. Die Entstehung der altcatholischen Kirche, von Ritschl. *Bonn*, 1857, in-8, demi-rel. v. bl.

2753. History of latin Christianity, by Henry Hart Milman. *London, John Murray*, 1857, 6 vol. in-8, carte, toile, n. rog. (*Envoi d'auteur.*)

2754. Lectures on the history of eastern church, with an introduction on the study of ecclesiastical history, by Arthur Penrhyn Stanley. *London, J. Murray*, 1862, in-8, cart. toile, n. rog.

2755. Aufklärung über den Religions Process, für Welt-und Kirchengeschichte, von Grafen von Kanitz. *Basel*, 1862, gr. in-8, rel. tr. dor.

2756. Luthardt. Ueber das Christenthum. *Leipzig*, 1864, in-8, demi-rel. v. bl. — Luthardt. Apologie des Christenthums. *Leipzig*, 1867, 2 vol. pet. in-8, demi-rel.

2757. Döllinger. Christenthum und Kirche in der Zeit der Grundlegung. *Regensburg*, 1868, in-8, demi-rel. v. f.

2758. Des Origines du pouvoir temporel des papes, par M. Filon. *Paris*, 1860, in-8, demi-rel. dos et coins de mar. r. (*Extrait du Magasin de librairei*).— Venise, depuis son origine jusqu'à la paix de Campo-Formio, par le même. *Paris*, 1861, in-8, demi-rel., dos et coins de mar. r. (*Extrait de la Revue nationale.*)

2759. Essai historique sur la puissance temporelle des papes, sur l'abus qu'ils ont fait de leur ministère spirituel, etc., ouvrage traduit de l'espagnol (par Daunou). *Paris, Lenormand*, 1810, in-8, demi-rel. v. ant. dos orné.

2760. Histoire de la puissance pontificale, par M. Viennet. *Paris, E. Dentu*, 1866, 2 vol. in-8, demi-rel. v. vert.

2761. Histoire des doctrines religieuses, par François Ozeray. *Paris, Hivert*, 1843, in-8, demi-rel. v. viol. tr. jasp.

2762. Les Mœurs chrétiennes au moyen âge, ou les âges du Roi, par M. Digby, traduits de l'anglais, avec notes, par M. J. Daniélo. *Paris*, 1841, 2 vol. in-8, v. viol.

2763. S. Patrick's Purgatory. An essay on the legends of purgatory, hell and paradise, current during the middle ages, by Thomas Wright. *London*, 1844, in-8, cart.

2764. Histoire de la papesse Jeanne, fidèlement tirée de la dissertation latine de M. de Spanheim. *La Haye*, 1758, 2 vol. in-12, fig. v. marbr.

2765. Vie de Grégoire VII, 1073-1085, par M. A. de Vidaillan. *Paris, Dufey*, 1837, 2 vol. in-8, demi-rel. v. viol. dos orné.

2766. Grégoire VII, saint François d'Assise, saint Thomas d'Aquin, par T.-J. Delécluze. *Paris, J. Labitte*, 1844, 2 vol. in-8, demi-rel. v. v.

2767. Histoire de Grégoire VII, précédée d'un discours sur l'histoire de la papauté jusqu'au xie siècle, par M. Villemain. *Paris, Didier*, 1873, 2 vol. in-8, demi-rel. v. f.

2768. Tableau des institutions et des mœurs de l'Église au moyen âge, particulièrement au treizième siècle, sous le règne du pape Innocent III, par Fréd. Hurter, trad. de l'allemand par Jean Cohen. *Paris, Debécourt*, 1843, 2 vol. in-8, demi-rel. v. f.

2769. Histoire du pape Innocent III et de ses contemporains, par M. Frédéric Hurter, traduite de l'allemand par MM. Alex. de Saint-Chéron et J.-B. Haiber. *Paris, Debé-*

court, 1838, 3 vol. in-8, portrait, demi-rel. v. vert, dos orné.

2770. Innocent III, le Siècle apostolique, Constantin, par le comte Agénor de Gasparin. *Paris, Mich. Lévy*, 1873, in-12, demi-rel. v. f.

2771. Die römischen Papste, ihre Kirche und ihr Staat im XVI and XVII Jahrhundert, von Ranke. *Berlin*, 1834, 3 vol. in-8, demi-rel.

2772. Histoire de la Papauté pendant les seizième et dix-septième siècles, par M. Léop. Ranke, trad. de l'allemand par M. J.-B. Haiber, publiée et précédée d'une introduction par M. Alexandre de Saint-Chéron. *Paris, Debécourt*, 1838, 4 vol. in-8, demi-rel. v. ant. (*Envoi d'auteur.*)

2773. The Ecclesiastical and political History of the popes of Rome, by Leopold Ranke, translated from the german by Sarah Austin.. *London, John Murray*, 1841, 3 vol. in-8, cart.

2774. Réformateurs avant la Réforme, XVᵉ siècle : Gerson, Jean Hus et le concile de Constance, par Émile de Bonnechose. *Paris, veuve Comon*, 1853, 2 vol. in-8, demi-rel. v. f. fil. tr. jasp.

2775. Jérôme Savonarole, sa vie, ses prédications, ses écrits, d'après les documents originaux, par F.-T. Perrens. *Paris, Hachette, s. d.*, 2 vol. in-8, demi-rel. v. bleu, tr. jasp.

2776. Histoire de Fra Hieronimo Savonarola, par P.-J. Carle. *Paris, Debécourt*, 1842, in-8, portrait, demi-rel. chagr. viol. tr. jasp.

2777. Histoire des Sectes religieuses depuis le commencement du siècle dernier...., par M. Grégoire. *Paris, Potey*, 1814, 2 vol. in-8, demi-rel. v. f.

2778. Histoire du pontificat de Clément XIV, d'après des documents inédits des archives secrètes du Vatican, par Augustin Theiner, traduits de l'allemand par Paul de Geslin. *Paris, F. Didot*, 1852, 3 vol. in-8, portr. demi-rel. mar. n.

2779. Histoire du Pape Pie VII, par M. le chevalier Artaud. *Paris, A. Le Clerc*, 1836, 2 vol. in-8. portr. demi-rel. v. ant.

2780. L'Église romaine et le premier empire, 1800-1814, avec notes, correspondances diplomatiques et pièces justificatives entièrement inédites, par le comte d'Haussonville. *Paris, Mich. Lévy fr.*, 1868-69, 4 vol. in-8, demi-rel. dos et coins de v. vert, tr. jasp.

2781. Recueil des actes de N. T. S. P. le pape Pie IX, texte et traduction, depuis le commencement de son pontificat jusqu'au 17 avril 1850 (publiés par Henry de Riancey). *Paris, J. Lecoffre*, 1848-1855, 3 tomes en 2 vol. in-12, demi-rel. v. rose, tr. jasp.

2782. Cartulaire de l'église du Saint-Sépulcre de Jérusalem, publié d'après les manuscrits du Vatican, par M. Eugène de Rozière. *Paris, Impr. nationale,* 1849, in-4, demi-rel. v. ant. dos orné. (*Envoi de M. de Rozière.*)

2783. Les Moines d'Occident, par le comte de Montalembert. *Paris, J. Lecoffre*, 1860-67, 5 vol. in-8, demi-rel. v. bleu, tr. jasp.

2784. Gallia Christiana. Provincia Viennensis, condidit Bartholomæus Hauréau. *Parisiis, apud F. Didot,* 1865, tome VI, en 3 livr. in-fol. br.

En double livr. 1 et 2.

2785. Études sur l'État intérieur des abbayes cisterciennes, et principalement de Clairvaux, au XIIe et au XIIIe siècles, par M. H. d'Arbois de Jubainville. *Paris, A. Durand,* 1858, in-8, demi-rel. mar. bl.

2786. M. de Bérulle et les Carmélites de France, 1575-1611. — M. de Bérulle et l'Oratoire de Jésus, 1611-1625, par M. l'abbé M. Houssaye. *Paris, H. Plon,* 1872-74, 2 vol. in-8, fig. à l'eau-forte, br.

2787. Port-Royal, par C.-A. Sainte-Beuve, deuxième édition. *Paris, L. Hachette,* 1860, 5 vol. in-8, demi-rel. v. f.

2788. Lettres de la mère Agnès Arnaud, abbesse de Port-Royal, publiées sur les textes authentiques, avec une introduction, par M. Faugère. *Paris, Benjamin Duprat,* 1858, 2 vol. in-8, demi-rel. chagr. bleu, tr. jasp.

2789. Lettres, opuscules et mémoires de Mme Périer et de Jacqueline, sœurs de Pascal, et de Marguerite Périer, sa nièce, publiés sur les manuscrits originaux, par M. P. Faugère. *Paris, Aug. Vaton,* 1845, in-8, demi-rel. v. f. fil. noirs, tr. jasp. (*Envoi autographe de M. Faugère à M. Guizot.*)

2790. Lettres, opuscules et mémoires de Mme Périer et de Jacqueline, sœurs de Pascal, et de Marguerite Périer, sa nièce, publiés par M. P. Faugère. *Paris, Aug. Vaton,* 1845, in-8, demi-rel, v. f. n. rog.

2791. Histoire des principales fondations religieuses du bailliage de la Montagne, en Bourgogne, par Mignard. *Paris, Aug. Aubry,* 1864, in-4, demi-rel. chag. noir.

Tiré à 120 exemplaires.

THÉOLOGIE.

2792. Notre-Dame de Lourdes, par Henri Lasserre. *Paris, V. Palmé*, 1869, in-8, demi-rel. v. bleu.

2793. Discours, rapports et travaux inédits sur le Concordat de 1801, par J.-T.-M. Portalis. *Paris, Joubert*, 1845, in-8, demi-rel. v. ant.

2794. Histoire des deux Concordats de la République française et de la République cisalpine, conclus en 1801 et 1803, entre Napoléon Bonaporte et le Saint-Siége, suivie d'une relation de son couronnement...., par Augustin Theiner. *Bar-le-Duc, L. Guérin*, et *Paris, E. Dentu*, 1869, 2 vol. gr. in-8, demi-rel. v. ant.

2795. Storia della badia di Monte-Cassino, divisa in libri nove, ed illustrata di note e documenti di D. Luigi Tosti Cassinese. *Napoli, Filippo Cirelli*, 1842-43, 3 vol. gr. in-8, fig. demi-rel. mar. viol.

2796. Relations des Jésuites, contenant ce qui s'est passé de plus remarquable dans les missions des Pères de la compagnie de Jésus dans la Nouvelle-France (1611 à 1672). *Québec*, 1858, 3 vol. in-8, demi-rel. v. f. tr. jasp.

2797. Annales de la Propagation de la Foi, recueil périodique de lettres des évêques et des missionnaires des deux mondes, et de documents.... *Lyon*, 1842-1851, 23 vol. in-8, demi-rel. chag. n. fil.

5. *Saints Pères.*

2798. Collectio selecta S. S. ecclesiæ Patrum, complectens exquisitissima opera, tum dogmatica et moralia, tum apologetica et oratoria, accurante Caillau. *Parisiis, Parent-Desbarres*, 1840, 139 vol. in-8, demi-rel.

2799. Études paléographiques et historiques sur des Papyrus du XIe siècle, en partie inédits, renfermant des homélies de saint Avit et des écrits de saint Augustin. *Genève et Bâle*, 1866, in-4, br. fac-simile.

2800. Clément d'Alexandrie, sa doctrine et sa polémique, par l'abbé J. Cognat. *Paris, Dentu*, 1859, in-8, demi-rel. v. f. tr. jasp.

2801. SANCTI PATRIS NOSTRI JOANNIS CHRYSOSTOMI Opera omnia quæ extant....., gr. et lat., opera et studio D. Bernardi de Montfaucon. Editio altera. *Parisiis, apud Gaume*, 1834-1839, 13 vol. in-4 à 2 col. demi-rel. v. ant. dos orné.
Bel exemplaire.

G.

2802. Étude historique et littéraire sur saint Basile, suivie de l'Hexaméron, traduit en français par Eug. Fialon. *Paris, Aug. Durand*, 1865, in-8, demi-rel. v. f. (*Envoi du traducteur.*)

2803. Philosophumena, sive hæresium omnium confutatio, opus Origeni adscriptum, gr. et lat., ed. Cruice. *Parisiis*, 1860, gr. in-8, demi-rel. v. f.

2804. S. Cæcilii Cypriani Opera recognita et illustrata a Joanne Fello. *Amstelodami, apud Joannem Ludovicum de Lorme*, 1700, in-fol. v. gr.

<small>Exemplaire en grand papier.</small>

2805. Les Voyages de saint Jérôme, sa vie, ses œuvres, son influence, par M. l'abbé Eugène Bernard. *Paris, Ch. Douniol*, 1864, in-8, demi-rel. v. bl.

2806. Spicilegium Syriacum, containing remains of Bardesan, Melition, Ambrose and Mara Bar Serapion, by Rev. William Cureton. *London*, 1855, gr. in-8, cart. n. rog.

2807. Sancti Aurelii Augustini, Hipponensis episcopi, operum, etc., opera et studio monachorum ordinis S. Benedicti e congregatione S. Mauri. *Parisiis, excudebat Franciscus Muguet*, 1689-90, 10 tom. en 7 vol. in-fol. — S. A. Augustini Vita. *Paris, Fr. Muguet*, 1700, in-fol. En. 8 vol. in-fol. v. gr.

2808. Ribbeck. Donatus und Augustinus. Ein kirchen historisches Versuch. *Elberfeld*, 1857, in-8, demi-rel. v. f.

2809. Le Génie philosophique et littéraire de saint Augustin en face du réalisme contemporain, par M. A. Théry. *Paris, Delagrave*, 1867, in-8, demi-rel. v. f.

2810. La Cité de Dieu de saint Augustin, trad. nouvelle avec des notes, par M. Émile Saisset. *Paris, Charpentier*, 1855, 4 vol. in-12, demi-rel. v. gris.

2811. Études sur saint Augustin, son génie, son âme, sa philosophie, par l'abbé Flotter. *Paris et Montpellier*, 1861, in-8, portrait, demi-rel. chagr. vert. tr. jasp.

2812. La Philosophie de saint Augustin, par Nourrisson. *Paris, Didier*, 1865, 2 vol. in-8, demi-rel. v. f. (*Envoi d'auteur.*)

2813. Sancti Ambrosii..... Opera, studio et labore monachorum ordinis S. Benedicti. *Parisiis, J.-B. Coignard*, 1686-1690, 2 vol. in-fol. v. br.

2814. Tertulliani Opera, cum not. Rigaltii. *Lutetiæ Parisiorum*, 1664, in-fol. v.

2815. Sancti Bernardi..... Opera. *Parisiis, sumpt. Petri de Launay*, 1690, 2 vol. in-fol. v. br.

2816. Œuvres de Gerbert, pape sous le nom de Sylvestre II, collationnées sur les manuscrits, par Olleris. *Clermont-Ferrand*, 1867, in-4, demi-rel. v. f.

2817. Sancti Hilarii... Opera... studio et labore monachorum ordinis S. Benedicti, e congregatione S. Mauri. *Parisiis, Fr. Muguet*, 1693, in-fol. v. br.

2818. Hincmari, archiepiscopi Remensis, Opera, cura Sirmondi. *Lutetiæ Parisiorum*, 1645, 2 vol. in-fol. v.

2819. Saint Justin, philosophe et martyr, par B. Aubé. *Paris, F. Didot et A. Durand*, 1861, in-8, demi-rel. chagr. noir, tr. jasp. (*Envoi autographe de l'auteur à M. Guizot.*)

2820. Saint Anselme de Cantorbéry, par M. Ch. de Rémusat. *Paris, Didier*, 1853, in-8, demi-rel. chagr. vert.

2821. Lettres de saint François Xavier...., traduites sur l'édition latine de Bologne, par M. Léon Pagès. *Paris, Vᵒ Poussielgue-Rusand*, 1855, 2 vol. in-8, portrait et cartes, demi-rel. v. f.

2822. Histoire de la vie et des écrits de saint Thomas d'Aquin, par P.-J. Carle. *Paris, impr. de Bailly*, 1846, in-4, demi-rel. mar. br.

2823. Petite Somme théologique de saint Thomas d'Aquin, à l'usage des ecclésiastiques et des gens du monde, par l'abbé F, Lebrethon. *Paris, C. Dillet*, 1866, 3 vol. in-8, portr. demi-rel. v. f. tr. jasp.

2824. La Philosophie de saint Thomas d'Aquin, par Charles Jourdain, *Paris, L. Hachette*, 1858, 2 vol. in-8, demi-rel. v. f. fil. noirs, tr. jasp.

2825. Œuvres de saint Vincent de Lérins et de saint Eucher de Lyon; traduction nouvelle, avec le texte en regard, notes et préfaces, par J.-F. Grégoire et F.-Z. Collombet. *Lyon, M.-P. Rusand, et Paris*, 1834, in-8, demi-rel. v. vert, dos orné.

2826. Les Sept Méditations de sainte Thérèse sur le *Pater ;* dix-sept autres méditations qu'elle a écrites après ses communions..., traduites en françois par Arnaud d'Andilly. *Paris, Louis Rouland*, 1708, pet. in-12, v. f.

2827. Lectures morales et religieuses extraites et traduites des Pères de l'Eglise latine, avec une introduction et des notices biographiques par J.-J. Nourrisson. *Paris, L. Hachette*, 1856, 2 vol. in-12, demi-rel, v. ant. tr. jasp. (*Envoi d'auteur à M. Guizot.*)

6. Théologiens catholiques.

2828. De la Prédication sous Henri IV, thèse par M. l'abbé Adrien Lezat. *Paris, Didier*, s. d., in-8, demi-rel. v. viol.

2828 *bis*. Pensées, fragments et lettres de Blaise Pascal, publiés par M. Prosper Faugère. *Paris, Andrieux*, 1844, 2 vol. in-8, portrait, demi-rel. v. f. n. rog. (*Envoi autographe de M. Faugère à M. Guizot.*)

2829. Lettres de Armand-Jean le Bouthillier de Rancé, abbé et réformateur de la Trappe, recueillies et publiées par B. Gonod. *Paris, Amyot*, 1846, in-8, demi-rel. v. ant.

Exemplaire en grand papier vélin.

2830. Œuvres complètes de Bossuet, évêque de Meaux. — Histoire de Bossuet composée sur les manuscrits originaux par le cardinal de Bausset. *Paris, Gauthier fr.*, 1828-30, 56 vol. in-8, demi-rel. v.

2831. De la Controverse de Bossuet et de Fénelon sur le Quiétisme, par L. Bonnel. *Mâcon*, 1850, in-8, demi-rel. v. f. tr. jasp.

2832. Mémoires et Journal sur la vie et les ouvrages de Bossuet, par l'abbé Ledieu, publiés par M. l'abbé Guettée. *Paris, Didier*, 1856-57, 4 vol. in-8, demi-rel. v. viol.

2833. Bossuet orateur, études critiques sur les sermons de la jeunesse de Bossuet (1643-1662), par E. Gandar. *Paris, Didier*, 1867, in-8, demi-rel. v. f. tr. jasp. (*Envoi d'auteur.*)

2834. Études sur la vie de Bossuet jusqu'à son entrée en fonctions en qualité de précepteur du Dauphin (1627-1670), par A. Floquet. 3 vol. — Bossuet, précepteur du Dauphin, fils de Louis XIV, et évêque à la cour (1670-1682). *Paris, Firm. Didot fr.*, 1855-64. — Ens. 4 vol. in-8, portr. demi-rel. tr. jasp.

2835. Lettres sur Bossuet à un homme d'État, par M. Poujoulat. *Paris, Aug. Vaton*, 1854, in-8, demi-rel. chagr. noir, jans. tr. jasp.

2836. Essai sur la philosophie de Bossuet, avec des fragments inédits, par J.-Félix Nourrisson. *Paris, Ladrange*, 1852, in-8, demi-rel. v. f. tr. jasp.

2837. Œuvres complètes de Fénelon, archevêque de Cambrai. 27 vol. — Histoire de Fénelon, par le cardinal de Bausset. 4 vol. *Paris, Gauthier fr.*, 1830. — 31 vol. in-8, demi-rel. v. f.

2838. Œuvres de Bourdaloue. *Paris, Rigaud*, 1712-1735. 17 vol. in-12, maroq. br. tr. dor. (*Avec rel.*)

<small>Pensées, 3 vol. — Panégyriques, 2 vol. — Mystères, 2 vol. — Carême, 3 vol. — Retraites, 1 vol. — Dimanches, 4 vol. — Exhortations, 2 vol.</small>

2839. Sermons pour l'Avent, le Carême et les principales fêtes de l'année, prêchés par le R. P. Griffet, prédicateur ordinaire de S. M. Très-Chrétienne. *Liége*, 3 vol. in-12, v. ant. marbr.

2840. Traité de la vérité de la religion chrétienne, où l'on établit la religion chrétienne par ses propres caractères, par Jacques Abbadie. *A la Haye, chez Neaulme*, 1763, 4 vol. in-12, v. ant. marbr. (*Ex libris de Broglie.*)

2841. Les Libertez de l'Église gallicane prouvées et commentées par Durand de Maillane. *Lyon*, 1771, 5 vol. in-4, v. f. tr. dor.

2842. De l'Esprit des religions, par Alexis Dumesnil. *Paris, Maradan*, 1811, in-8, demi-rel. v. vert, tr. marbr.

2843. Essai sur l'indifférence en matière de religion, par M. l'abbé F. de Lamennais. *Paris, Tournachon-Molin*, 1818-1823, 4 vol. — Défense de l'*Essai sur l'indifférence*, par le même. *Paris*, 1821, in-8. — Ensemble 5 vol. in-8, demi-rel. v. f.

2844. LAMENNAIS (l'abbé F.). De la Religion considérée dans ses rapports avec l'ordre politique et civil. *Paris*, 1836-37, 1 vol. — Des Progrès de la révolution et de la guerre contre l'Eglise. *Paris*, 1829, 1 vol. — Seconds et troisièmes Mélanges. *Paris*, 1835, 2 vol. — Le Livre du peuple (avec une réfutation par Caillot). *Paris*, 1838, 1 vol. — Amschaspands et Darvands, par F. Lamennais. *Paris, Pagnerre*, 1843, 1 vol. — Journaux, ou articles publiés dans le *Mémorial catholique* et l'*Avenir*. *Paris*, 1836-37, 1 vol. — Procès de l'*Avenir*. *Paris*, 1831, 1 vol. — Procès de l'Ecole libre. *Paris*, 1831, 1 vol. — Ensemble 9 vol. in-8, demi-rel. v. f. et v. r. (*Les deux derniers volumes portent l'ex libris de M. de Montalembert.*)

2845. Œuvres posthumes de F. Lamennais, publiées selon le vœu de l'auteur, par E.-D. Forgues. — Mélanges philosophiques et politiques et Correspondance. *Paris, Paulin et le Chevalier*, 1856-59, 3 vol. in-8, demi-rel. v. f.

2846. Réflexions sur l'état de l'Église en France pendant le dix-huitième siècle, par M. l'abbé F. de Lamennais. *Paris, Méquignon-Havard*, 1825, in-8, demi-rel. v. f.

2847. Paroles d'un Croyant, 1833, par F. de Lamennais, *Paris, Eug. Renduel*, 1834, in-8, demi-rel. v. br.

THÉOLOGIE.

2848. Affaires de Rome, par l'abbé F. de Lamennais. *Paris, Cailleux*, 1836, in-8, demi-rel. v. f. — De la Lutte entre la cour et le pouvoir parlementaire, par le même. *Paris, Pagnerre*, 1839, in-18, demi-rel. v. ant.

2849. Défense du christianisme, ou Conférences sur la religion, par M. D. Frayssinous, évêque d'Hermopolis. *Paris, Adr. le Clère*, 1825, 3 vol. in-8, demi-rel. v. f. tr. jasp.

2850. Parallèle du christianisme et du rationalisme sous le rapport dogmatique, par J. Tissot. *Paris*, 1829, in-8, demi-rel. v. f.

2851. Le Christ devant le siècle, ou nouveaux témoignages des sciences en faveur du catholicisme, par Roselly de Lorgues. *Paris, F. Hivert*, 1835, in-8, v. rose est. tr. dor. (*Envoi d'auteur.*)

2852. Le Christianisme considéré dans ses rapports avec la civilisation moderne, par l'abbé A. Senac. *Paris, Ch. Gosselin*, 1837, 2 vol. in-8, demi-rel. v. bleu tr. jasp.

2853. Du Progrès religieux, par P.-V. Glade. *Paris, Delaunay*, 3 vol. in-8, v. f. tr. dor. (*Envoi d'auteur.*)

2854. Les Grandeurs du catholicisme, par Auguste Siguier. *Paris, Ladrange*, 1841, 3 vol. in-8, demi-rel. chagr. r.

2855. Du Dogme catholique sur l'enfer, par P.-J. Carle, suivi de la dissertation de M. Emery. *Paris, Debécourt*, 1842, in-8, demi-rel. chagr. vert, tr. jasp.

2856. Le Protestantisme comparé au catholicisme dans ses rapports avec la civilisation européenne, par M. Jacques Balmès. *Paris, Debécourt*, 1842-44, 3 vol. in-8, demi-rel. v. ant. — Jacques Balmès, sa vie et ses ouvrages, par A. de Blanche-Raffin. *Paris, Bray*, 1849, in-8, demi-rel. v. f.

2857. Persécution et souffrances de l'Église catholique en Russie, par un ancien conseiller d'Etat de Russie. *Paris, Gaume fr.*, 1842, in-8, demi-rel. v. viol. tr. jasp.

2858. Essai sur la formation du dogme catholique (par la princesse Belgiojoso). *Paris, J. Renouard*, 1842, 2 vol. in-8, demi-rel. v. gris. (*Envoi d'auteur.*)

2859. Du Catholicisme dans les sociétés modernes, considéré dans ses rapports avec les besoins du xixe siècle, par l'abbé Raymond. *Paris, Debécourt*, 1843, in-8, demi-rel. v. ant. tr. jasp.

2860. De la Pacification religieuse, par M. l'abbé Dupanloup. *Paris, J. Lecoffre*, 1845, in-8, demi-rel. mar. br.

2861. Pensées sur le christianisme, preuves de sa vérité, par Joseph Droz. *Paris*, 1845, in-12, demi-rel. v. br.

2862. La Liberté de conscience et le statut religieux, par Aug. Portalis. *Paris, Thorel*, 1846, in-8, demi-rel. mar. r.

2863. Manifestation catholique et rationalisme chrétien, entretien entre un évêque et un curé, par Bénédicte Noboran. *Paris*, 1847. (*Envoi d'auteur.*) — Essai sur l'esprit et l'Influence de la Réformation de Luther, par Charles de Villers. *Strasbourg*, 1851. — Rome et la Bible, par Félix Bungener. *Paris*, 1859. — Essai sur l'exercice habituel de l'amour de Dieu, traduit de l'anglais de Joseph-Jean Gurney. *Paris*, 1857. Ensemble 4 vol. in-12, demi-rel. chagr. et veau, tr. jasp.

2864. Laboulaye (Édouard). La Liberté religieuse. — Études contemporaines sur l'Allemagne et les pays slaves. *Paris, Charpentier*, 1856-58, 2 vol. in-12, demi-rel. v. ant.

2865. Le Libre Examen de la foi. Entretiens sur la démonstration catholique de la révélation chrétienne, par V. Dechamps. *Paris, L. Vivès*, 1857, in-8, demi-rel. v. f.

2866. Vie du Très-R. P. J.-Bapt. Bauzan, fondateur et premier supérieur général de la Société des missions de France, par le P. A. Delaporte. *Paris, J. Lecoffre*, 1857, in-8, portr. demi-rel. mar. bleu.

2867. Histoire de la liberté religieuse en France et de ses fondateurs, par J.-M. Dargaud. *Paris, Charpentier*, 1859, 3 vol. in-12, demi-rel. v. gris, tr. jasp. (*Envoi autographe de l'auteur à M. Guizot.*

2868. Examen critique des doctrines de la religion chrétienne, par Patrice Larroque. *Paris et Bruxelles*, 1860, 2 vol. in-8, demi-rel. v. f.

2869. La Question religieuse résolue par les faits, ou de l certitude en matière de religion, par V. Dechamps. *Paris H. Castermann*, 1860, 2 vol. in-12, demi-rel. veau fauve, tr. jasp.

2870. Rome devant l'Europe, par M. P. Sauzet. *Paris, J. Lecoffre*, 1860, in-8, demi-rel. chagr. brun, tr. jasp.

2871. La Souveraineté pontificale selon le droit européen, par l'évêque d'Orléans. *Paris*, 1860, in-8, demi-rel. mar. viol.

2872. Kirche und Kirchen, Papstthum und Kirchenstaat, von Dollinger. *Munchen*, 1861, in-12, demi-rel.

2873. L'Infaillibité, par l'auteur de la Restauration française. *Paris, E. Dentu*, 1861, in-8, demi-rel. v. f.

2874. Le Parfum de Rome, par Louis Veuillot. *Paris, Gaume fr. et J. Duprey*, 1862, 2 vol. in-12, v. vert, tr. jasp.

2875. La Vérité de l'Évangile, par M. F. Nettement. *Paris et Lyon*, 1862, in-8, demi-rel. chagr. viol.

2876. Arbousse-Bastide. Le Christianisme et l'Esprit moderne. *Paris, J. Hetzel*, 1862, in-12, demi-rel. v. v.

2877. Le Christ Dieu devant les siècles, par Joanny Bonnetain. *Paris, Aug. Vaton*, 1864, in-8, demi-rel. veau f. tr. jaspée.

2878. Rome et Lorette, par Louis Veuillot. *Tours, Alfr. Mame*, 1864, in-8, fig. gr. de Girardet, demi-rel. v. f. tr. jaspée.

2879. Qu'est-ce qu'un christianisme sans dogmes et sans miracles? par N. Poulain. *Paris, Grassart*, 1864, in-12, demi-rel. v. f. — Mélanges religieux, par Poulain, Boissonnas et Panchaud. *Havre*, 1864, in-12, demi-rel. v. f.

2880. Perreyve (l'abbé H.). Biographies et panégyriques. — Une Station à la Sorbonne. *Paris, Ch. Douniol*, 1865-67, 2 vol. in-12, demi-rel. v. f. tr. jasp. portr.

2881. Vitet (L.). La Science et la Foi. — De l'État actuel du christianisme en France. — Le Christianisme et la société. *Paris, Ch. Douniol*, 1865-69, in-12, v. f. fil. — Essais historiques et littéraires. *Paris, Mich. Lévy*, 1862, in-12, demi-rel. mar. r.

2882. Le Catholicisme considéré dans ses rapports avec la société, par M. l'abbé A. Riche. *Paris, Adrien Le Clere*, 1866, in-8, demi-rel. v. f. tr. jasp. (*Envoi d'auteur.*)

2883. Vie de M. l'abbé Flottes, par M. l'abbé C. D. *Montpellier*, 1866, in-8, br.

2884. Bellanger. De l'Autorité du cœur, 1867. — Le Concile et les Temps nouveaux. — La Charité chrétienne et ses œuvres. — Dupanloup. De la Pacification religieuse. — Correspondance de Fléchier, etc. 10 vol. in-8, br.

2885. De la Destinée humaine, par Duclos. — Sainte Cécile. 1868. — Exposition de la doctrine de l'Eglise catholique, par Bossuet, 1869. — Discussion amicale sur l'Eglise anglicane. — Lettres de l'abbé Perreyve, 1872. 8 vol. in-12, brochés.

2886. La Vraie Religion, étude psychologique et morale, par l'abbé Félix Carrier. *Paris*, 1868, 2 vol. in-8, demi-rel. v. f. tr. jasp. (*Envoi d'auteur.*)

2887. L'abbé Castan. Du Progrès dans ses rapports avec l'Eglise. *Paris, Jouby*, 1868. — Les Origines du christianisme. Ensemble 3 vol. in-8, demi-rel. v. f.

THÉOLOGIE.

2888. Les Athées et les Théologiens au concile œcuménique, par Francisque Bouvet. *Dentu*, 1868. — La Vie future. Histoire et apologie de la doctrine chrétienne sur l'autre vie. *Paris*, 1855. — Le Christianisme et l'Eglise au moyen âge, coup d'œil historique par Et. Chastel. *Paris*, 1859. — Simples notices religieuses. *Paris*, 1865. — Catholicisme en action, par M. J. de Garaby. *Paris*, 1843. Ensemble 5 vol. in-12, demi-rel. chagr. bl. vert rouge et orange et dem.-v. f.

2889. La Révolution religieuse au xix° siècle, par F. Huet. *Paris, Mich. Lévy*, 1868, in-12, demi-rel. chagr. r.

2890. De la Divinité du christianisme dans ses rapports avec l'histoire, leçons professées par Charles Lenormant, publiées par son fils. *Paris, A. Lévy*, 1869, in-8, demi-rel. v. viol. tr. jasp.

2891. Du Concile et de la paix religieuse... par Mgr H.-L.-C. Maret, évêque de Sura. *Paris, H. Plon*, 1869, 2 vol. in-8, demi-rel. v. vert.

2892. L'Athéisme du xix° siècle devant l'histoire, la philosophie médicale et l'humanité, par le Dr Evariste Bertu-Ens. *Paris, veuve Jules Renouard*, 1869, in-8, demi-rel. v. f. tr. jasp. (*Envoi d'auteur.*)

2893. Simler. Des Sommes de théologie. *Paris*, 1871. — Une Visite à l'abbaye de la Trappe. — Le Pape et les Evêques, par Mgr Maret. — Influence de l'Eglise, 1868. — Description d'un ancien plan du monastère de Saint-Gall. *Caen*, 1868. — Le Christianisme et la société, par Vitet. *Paris*, 1869, 8 br. in-8 et in-12.

2894. Soldat et Prêtre, ou le Modèle de la vie sacerdotale et militaire dans le récit et l'exposé des actions et des sentiments de l'abbé Timothée Marprez, par Henri Congnet, chanoine titulaire de Soissons. *Paris, s. d.*, in-8, demi-rel. chagr. brun, la Vall. tr. jasp.

2895. Jésus, monarque universel, par M. Ch. de la Villirouët. *Rennes*, 1873, in-8, br.

2896. Montalembert (le comte de). Du Devoir des catholiques dans la question de liberté d'enseignement, 1844. — Saint Anselme. Fragment de l'introduction à l'histoire de saint Bernard, 1844. Ens. 2 vol. in-12, demi-rel. v. f. et viol. tr. jasp.

2897. Études philosophiques sur le christianisme, par Aug. Nicolas. *Paris, Vaton*, 1845, 3 vol. in-8, demi-rel. v. f.

2898. Du Protestantisme et de toutes les hérésies dans leur rapport avec le socialisme, par Aug. Nicolas. *Paris, A. Vaton,* 1854, 2 vol. in-12, demi-rel. v. f.

2899. La Vierge Marie et le plan divin. Nouvelles études sur le christianisme, par Aug. Nicolas. *Paris, A. Vaton,* 1856, in-12, demi-rel. v. f. (*Envoi d'auteur.*)

2900. Essais de philosophie et d'histoire religieuse, par M. Nicolas. *Paris, Mich. Lévy,* 1863, in-8, demi-rel. v. f.

2901. La Divinité de Jésus-Christ, par Aug. Nicolas. *Paris, A. Vaton,* 1864, in-8, demi-rel. v. f.

2902. Le Père de Ravignan, sa vie, ses œuvres, par M. Poujoulat. *Paris, Ch. Douniol,* 1859, in-8, portrait, gr. demi-rel. chagr. noir, tr. jasp.

2903. Vie du R. P. Xavier de Ravignan, de la Compagnie de Jésus, par le P. A. de Pontlevoy. *Paris, Ch. Douniol,* 1860, 2 vol. in-8, demi-rel. chagr. noir, portrait.

2904. Œuvres diverses du P. A. Gratry. *Paris, Ch. Douniol,* 1856-1861, 7 vol. in-8, cart. n. rog. (*Envoi d'auteur.*)

<small>De la Connaissance de Dieu, 2 vol. — De la Connaissance de l'âme, 2 vol. — Logique, 2 vol. — La Philosophie du Credo.</small>

2905. A. Gratry. — Commentaire sur l'Évangile selon saint Matthieu. *Paris, Douniol,* 1865. — Lettres sur la religion. *Paris,* 1869. Ens. 2 ouvr. en 1 vol. in-8, demi-rel, v. bleu, tr. jasp. (*Envoi d'auteur.*)

2906. Conférences du couvent de Saint-Thomas d'Aquin de Paris, par le R. P. J.-M.-L. Monsabré. *Paris, V° Poussielgue,* 1866, 2 vol. in-8, demi-rel. v. f. (*Envoi d'auteur.*)

2907. Œuvres du R. P. Henri-Dominique Lacordaire. *Paris, V° Poussielgue-Rusand,* 1857, 6 vol. in-8, portr. demi-rel. viol.

2908. Lettres à un jeune homme sur la vie chrétienne, par le R. P. Lacordaire. — Discours sur le droit et la propriété, par le même. *Toulouse,* 1858, in-8, demi-rel. v. f.

2909. Le Père Lacordaire, par le comte de Montalembert. *Paris, Ch. Douniol,* 1862, in-12, demi-rel. v. bl.

2910. Lettres du R. P. Lacordaire à des jeunes gens, recueillies et publiées par M. l'abbé Henri Perreyve. *Paris, Ch. Douniol,* 1863, in-8, demi-rel. mar. viol.

2911. Correspondance du R. P. Lacordaire et de Mme Swetchine, publiée par le comte de Falloux. *Paris, A. Vaton,* 1864, in-8, demi-rel. v. f.

2912. Le R. P. H.-D. Lacordaire, sa vie intime et religieuse, par R. P. B. Chocarne. *Paris, V° Poussielgue*, 1866, 2 vol. in-8, portr. demi-rel. v. viol.

2913. Vie du R. P. Lacordaire, par M. Foisset. *Paris, J. Lecoffre*, 1870, 2 vol. in-8, portr. demi-rel. v. f.

2914. Correspondance inédite du P. Lacordaire, publiée par H. Villard. *Paris, Palmé*, 1870, in-8, demi-rel.

2915. Biographie du R. P. Lacordaire, par P. Lorain. S. l. n. d., in-8, demi-rel. v. f.

2916. L'Art devant le Christianisme, par le R. P. Félix (Conférences, de Notre-Dame, 1867). *Paris, J. Albanel*, 1867, in-12, demi-rel. v. f. (*Avec envoi d'auteur à M. Guizot.*)

2917. Défense de l'Église contre les erreurs historiques de MM. Guizot, Aug. et Am. Thierry, Michelet, Ampère, Quinet, Fauriel, Aimé-Martin, etc..., par l'abbé J.-M.-Sauveur Gorini. *Paris, Girard et Josserand*, 1853, 2 vol. gr. in-8, demi-rel. v. f. dos orné.

2918. Mélanges religieux. Église catholique (1845-1867). Environ 45 pièces en 4 vol. in-8, demi-rel.

<small>Opuscules de Mgr Dupanloup, du R. P. Félix, et d'autres auteurs.</small>

7. *Protestantisme.*

2920. Histoire de la réformation du xvi° siècle, par J.-N. Merle d'Aubigné. *Paris, Firmin Didot fr. et Michel Lévy fr.*, 1835-1864, 8 vol. in-8, demi-rel. maroq. vert foncé, dos orné, tr. jasp.

2921. Döllinger. Die Reformation. *Regensburg.* 1851, 3 vol. in-8, demi-rel. mar.

2922. Mémoires de Luther écrits par lui-même, traduits et mis en ordre par M. Michelet. *Paris, L. Hachette*, 1835, 2 vol. in-8, demi-rel. v. bleu. fil. dos orné, tr. jasp.

2923. Histoire de la vie, des ouvrages et des doctrines de Luther, par M. Audin. — Histoire de la vie, des ouvrages et des doctrines de Calvin, par le même. *Paris, L. Maison*, 1850, 5 vol. in-12, demi-rel. v. gris, tr. jasp.

2924. Luther, ses opinions religieuses et morales. *Strasbourg*, 1866. — Croyances d'un voltairien, 1869. — Tischendorf. A quelle époque nos Evangiles ont-ils été composés? 1866. — Le Protestantisme et la Guerre de 1870. *Paris*, 1871. — De la Valeur religieuse, 1869. — 11 br. in-8.

THÉOLOGIE.

2925. Essai sur l'esprit et l'influence de la réformation de Luther, par Charles Villers. *Paris, Didot*, 1808, in-8, demi-rel. bas.

2926. Essai sur l'esprit et l'influence de la réformation de Luther, par Ch. Villers. *Paris, impr. de Didot jeune*, 1808, in-8, demi-rel. v. gr.

2927. Luther et la Réforme au XVIe siècle, par le comte Ag. de Gasparin. *Paris, Mich. Lévy*, 1873, in-12, demi-rel. v. f.

2928. Monument élevé à la mémoire de Martin Luther, à Worms, album de 13 planches reproduites en lithographie par Ch. Führ. *A Asnières, chez l'auteur*, 1870, gr. in-fol. en ff. dans un carton.

2929. A History of the Reformation on the continent, by Georges Waddington. *London, Duneau*, 1841, 3 vol. in-8, cart.

2930. Vie d'Ulrich Zwingle, réformateur de la Suisse, par M.-J.-G. Ness. *Paris, J. Paschoud*, 1810, in-8, demi-rel. bas.

2931. Histoire de la réformation de la Suisse, par Abraham Ruchat, édition avec appendices et une notice sur la vie et les ouvrages de Ruchat, par L. Vulliemin. *Paris et Lausanne*, 1835-38, 7 vol. in-8, demi-rel. v. f. tr. jasp.

2932. Genève religieuse au XIXe siècle, par le baron H. de Goltz, trad. de l'allemand par C. Malan-Sillem. *Genève*, 1862, in-8, demi-rel. v. f.

2933. Histoire de l'Église de Genève, depuis le commencement de la Réformation jusqu'à nos jours, par J. Gaberel. *Genève*, 1858-62, 3 vol. in-8, demi-rel. chagr. bleu, tr. jasp.

2934. Advis et devis de la source de l'idolâtrie et tyrannie papale, par quelle practique et finesse les papes sont en si haut degré montez.... par François Bonnivard. *Genève, J.-G. Fick*, 1856, in-8, avec portraits gravés sur bois, cart. en vél. non rogn.

Édition publiée par M. Gustave Revilliod. Exemplaire avec envoi de l'éditeur.

2935. History of the reformation in Germany, by Leopold Ranke, translated by Sarah Austin. *London, Longman*, 1845, 3 vol. in-8, cart.

2936. Vicissitudes de l'Église catholique des deux rites en Pologne et en Russie, ouvrage écrit en allemand par un prêtre de la congrégation de l'Oratoire et précédé d'un avant-propos par le comte de Montalembert. *Paris*, 1843, 2 tomes en 1 vol. in-8, demi-rel. v. viol. tr. jasp.

2937. Historical Sketch of the rite, progress and decline of the reformation in Poland. *London*, 1838, 2 vol. in-8, cart.

2938. Geschichte der teutschen Reformation, von Phil. Marheineke. *Berlin*, 1834, 4 vol. in-12, demi-rel.

2939. Robert et James Haldane, leurs travaux évangéliques en Ecosse, en France et à Genève, trad. de l'anglais par Ed. Petitpierre. *Lausanne*, 1859, 2 tom. en 1 vol. in-12, demi-rel. v. bl.

2940. L'Église sous la croix pendant la domination espagnole. Chronique de l'Eglise réformée de Lille, par Charles-Louis Frossard. *Paris, Grassart*, 1857, in-8, fig. demi-rel. v. f.

2941. Histoire des progrès et de l'extinction de la Réforme en Italie au XVIe siècle, traduite de l'anglais de Thomas Maccrie. *Paris, Cherbuliez*, 1831, in-8, demi-rel. v. f.

2942. Aonio Paleario. Étude sur la Réforme en Italie, par Jules Bonnet. *Paris, Mich. Lévy fr.*, 1863, in-12, demi-rel. chagr. vert. tr. jasp.

2943. La Réforme en Italie. Les Précurseurs; discours historiques de César Cantu, traduits de l'italien par Anicet Digard et Edmond Martin. *Paris, Adr. Le Clère*, 1867, in-8, demi-rel. chagr. bleu.

2944. La Réforme en Italie. Les Précurseurs; discours historiques de César Cantu, traduits de l'italien par Anicet Digard et Edmond Martin. *Paris, Adrien Le Clère*, 1867, in-8, demi-rel. v. f. tr. jasp.

2945. Œuvres de Calvin, nouvelle édition complète, publiée par C.-A. Schwetschke et fils. *Brunsvigæ*, 1865-71, 10 vol. in-4, texte à deux col. portrait, demi-rel. v. bl. tr. jasp.

2946. Das Leben Johann Calvins des grossen Reformators, von Paul Henry. *Hamburg*, 1835, 3 vol. in-8, demi-rel. v. f.

2947. The Life of John Calvin, by Thomas Dyer. *London, Murray*, 1850, in-8, demi-rel. portrait.

2948. Johannes Calvin. Leben und Schriften, von Stahelin. *Elberfeld*, 1863, 2 vol. in-8, demi-rel. v. f.

2949. Joann Calvin, seine Kirche und sein Staat in Genf, von F. W. Kampschulte. *Leipzig*, 1869, in-8, demi-rel. v. bleu.

2950. Calvin, sa vie, son œuvre et ses écrits, par Félix Bungener. *Paris*, 1862, in-12, demi-rel. — Pièces relatives à Calvin, réunies en 1 vol. in-12, demi-rel. v. vert.

THÉOLOGIE.

2951. Vues sur le Protestantisme en France, par J.-L.-S. Vincent. *Paris, Servier*, 1829, 2 vol. in-8, demi-rel. v. viol.

2952. Intérêts généraux du Protestantisme français, par le comte Agénor de Gasparin. *Paris, R. Delay*, 1843, in-8, demi-rel. v. bleu, tr. jasp.

2953. Histoire des Protestants de France, depuis l'origine de la réformation jusqu'au temps présent, par G. de Félice. *Paris, Cherbuliez*, 1851, in-8, demi-rel. v. bl.

2954. Polenz. Geschichte der französischen Calvinismus. *Gotha*, 1817, 3 vol. in-8, demi-rel. mar.

2955. Histoire de la Réformation française, par F. Puaux. *Paris, Mich. Lévy frères*, 1859-61, 5 tomes en 2 vol. in-12, demi-rel. v. vert.

2956. Vincent (Samuel). Du Protestantisme en France. — Méditations religieuses. *Paris, Mich. Lévy*, 1860-63, 2 vol. in-12, demi-rel. v. v. et ant.

2957. Correspondance des Réformateurs dans les pays de la langue française, recueillie et publiée avec d'autres lettres relatives à la Réforme, par L. Herminjard (1812-1832). *Genève et Paris*, 1866-68, 2 vol. gr. in-8, demi-rel. v. f. tr. jasp.

2958. Histoire des Églises du désert chez les Protestants de France. *Paris, Cherbuliez*, 1841, 2 vol. in-8, demi-rel. v. f.

2959. Histoire des Assemblées politiques des réformés de France (1573-1622), par Léonce Anquez. *Paris, A. Durand*, 1859, in-8, demi-rel. v. viol.

2960. Histoire des guerres du Calvinisme et de la Ligue dans l'Auxerrois, le Sénonais et les autres contrées qui forment aujourd'hui le département de l'Yonne, par A. Challe. *Auxerre*, 1863-64, 2 vol. forts in-8, demi-rel. v. f. tr. jasp.

2961. Histoire des Albigeois : les Albigeois et l'Inquisition, par Napoléon Peyrat. *Paris, Lacroix, Verboekhoven*, 1870-72, 3 vol. in-8, demi-rel. v. bleu, tr. jasp.

2962. L'Israël des Alpes, première histoire complète des Vaudois, du Piémont et de leurs colonies, par Alexis Muston. *Paris, Marc Ducloux*, 1851, 4 vol. in-12, demi-rel. v, f. fil. tr. jasp.

2963. Les Huguenots du seizième siècle, par Adolphe Schœffer. *Paris, Cherbuliez*, 1870, in-8, demi-rel. v. f. (*Envoi d'auteur.*)

THÉOLOGIE.

2964. Essai sur l'histoire des Églises réformées de Bretagne, 1535-1808, par B. Vaurigaud. *Paris, Joël Cherbuliez*, 1870, 3 vol. gr. in-8, demi-rel. v. ant.

2965. Antoine Court. Histoire de la Restauration du Protestantisme en France au xviii° siècle, d'après des documents inédits, par Edmond Hugues. *Paris, Mich. Lévy*, 1872, 2 vol. in-8, demi-rel. v. viol.

2966. Négociations, lettres et pièces relatives à la Conférence de Loudun, publiées par M. Bouchitté. *Paris, Impr. impér.*, 1862, in-4, cart. non. rog.

2967. Gieseler. Die protestantische Kirche Frankreichs, von 1787 bis, 1846. *Leipzig*, 1848, gr. in-8, demi-rel. v. f.

2968. De l'État actuel de l'Église réformée en France, par Edmond Scherer. *Paris, Delay*, 1844, in-8, demi-rel. v. v.

2969. Histoire des Synodes nationaux des Églises réformées de France, par G. de Félice. *Paris, Grassart*, 1864, in-12, demi-rel. v. bl.

2970. Synodes nationaux des Églises réformées de France, auxquels on a joint des mandements royaux et plusieurs lettres politiques, etc., mis au jour par M. Aymon. *La Haye, Ch. Delo*, 1710, 2 vol. in-4, demi-rel. v. br. n. rog.

2971. Assemblée des délégués des Églises réformées de France, tenue à Paris, au mois de mai 1848, compte rendu. *Paris*, 1848, in-8, demi-rel. v. f. tr. jasp.

2972. Histoire du Synode général de l'Église réformée de France. Paris, juin-juillet 1872, par Eugène Bersier. *Paris, Sandoz et Fischbacher*, 1872, 2 vol. in-8, demi-rel. v. viol.

2973. La France protestante, ou Vies des protestants français, par MM. Haag. *Paris*, 1846-58, 10 vol. in-8, demi-rel. mar. n.

2974. Histoire de la Société biblique protestante de Paris, par Douen. *Paris*, 1818-1868. gr. in-8, demi-rel. v. f.

2975. Bulletin de la Société de l'histoire du Protestantisme français. *Paris*, 1853-1862, 11 tomes en 8 vol. in-8, demi-rel. mar. et livraisons.

2976. Bulletin de la Société de l'histoire du Protestantisme français. *Paris*, 1853-1871, 20 tomes en 19 vol. gr. in-8, demi-rel. v. f.

2977. J. Grant. A Summary of the history of the English Church and of the sects. *London*, 1811-1825, 4 vol. in-8, cart.

2978. The Church history of Britain, by Th. Fuller. *Oxford*, 1845, 6 vol. in-8, cart.

2979. Theophilus Anglicomus, ou de l'Église catholique et de sa branche anglicane, par le R. Wordsworth, trad. de l'anglais. *Oxford*, 1861, in-12, cart.

2980. Histoire de la Réforme en Angleterre, par le révérend F.-C. Massingberd, traduit de l'anglais par le Rév. Fréd. Godfray. — Des Principes de la Réformation en Angleterre, sermon prononcé par le lord évêque d'Oxford, traduit de l'anglais par le Rév. Frédéric Godfray. *Oxford*, 1858-59, 2 vol. in-12, v. fil. tr. rouge.

2981. The Huguenots, their Settlements, Churches, and industries in England and Ireland, by Samuel Smiles. *London, John Murray*, 1867, in-8, cart. non rog.

2982. The Scotch presbyterian eloquence, or the foolishness of their teaching discovered, from their books, sermons and prayers. *London*, 1982, in-4, cart.

2983. Observations on the distinguishing views and practices of the society of Friends, by J.-J. Gurney. *London*, 1834, in-8, cart.

2984. Rules of Discipline of the religious society of Friends. *London*, 1834, in-4, cart.

2985. Missions in Western Africa, among the Soosoos, Bulloms, etc.., being the first undertaken by the Church missionary society for Africa and the East; with an introduction... by the Rev. Samuel-Abr. Walker. *Dublin, W. Curry*, 1845. — The Jubilee volume of the Church Missionary society for Africa and the East, 1848-1849. *London*, 1849, 2 vol. in-8, cart. non rog.

2986. History of the Wesleyan Missions in Western Africa. — Missions in Jamaica. — Church missionary intelligences, 1849-1852. — Ensemble 7 vol. in-8, cart.

2987. Report of the London Missionary society, 1847-1850. — Missionary notices, 1845-1852. — Ensemble 14 vol. in-8, cartonnés.

2988. Proceedings of the society for Missions to Africa and the East, instituted by members of the established church. *London, printed by Jacques*, 1801-1852; en 24 vol. in-8, demi-rel. v. gran.

2989. The Report for the year 1817, of the Committee for the management of the missions, first commented by the Rev. John Wesley, the Rev. Dr Coke and others... *London*, 1817-1852; en 8 vol. in-8, demi-rel. v. fr.

2990. History of American Missions. — The year book of missions. — Missions in Madras. — Handbook of Mission in Beingal, etc. *London*, 1848-49. — 7 vol. in-8 et in-12, cartonnés.

2991. Thirteen historical Discourses on the completion of two hundred years, from the beginning of the first church in New-Haven, by Leonard Bacon. *New-Haven*, 1839, in-8, cart.

2992. Planck. Geschichte der protestantischen Lehrbegriffs. *Leipzig*, 1791, 4 in-8, demi-rel.

2993. Planck. Geschichte der protestantischen Theologie. *Leipzig*, 1798, 4 vol. in-8, demi-rel.

2994. Sermons de Hugues Blair, ministre de l'église cathédrale d'Edimbourg, traduction faite sur la xxiie édition anglaise, par M. de Tressan, ancien abbé commendataire. *Paris*, 1807-08, 4 vol. in-8, demi-rel. v. gris, tr. marbr.

2995. The Works of the R. R. William Warburton, lord Bishop of Gloucester. *London*, 1811, 12 vol. in-8, demi-rel. mar. br.

2996. Mémoires pour servir à l'histoire du Christianisme et de la Vie chrétienne, ou Recueil de traits et de documents remarquables tirés des annales de l'Église, par Aug. Néander, traduit de l'allemand par Alph. Diacon. *Paris*, 1829, in-8. demi-rel. v. ant. tr. jasp. (*Mouillures.*)

2997. The Assurance of faith or Calvinism identified with universalism, by the reverend David Thom. *London, Marshall*, 1833, 2 vol. in-8 cart. (*Envoi d'auteur.*)

2998. Lectures on the establishment and extension of national churches, by Thomas Chalmers. *Glasgow*, 1838, in-8, cart.

2999. Conférences sur l'histoire du Christianisme, prêchées à Genève par E. Chastel, l'un des pasteurs de l'église de cette ville, et suivies de notes et de développements. *Valence*, 1839-1847, 2 vol. in-8, demi-rel. chagr. rouge, tr. jasp.

3000. Vie du Révérend Jean Wesley, fondateur de l'église Wesleyenne, par le Révérend Richard Watson. *Paris, Delay*, 1840, 2 vol. in-8, portr. demi-rel. mar. viol.

3001. Psychologische Studien über Staat und Kirche, von J. C. Bluntschli. *Zurich*, 1844, in-4, mar. bl. fil. tr. dor.

3002. De la Religion aux États-Unis d'Amérique, origine et progrès, par le Rév. Robert Baird, traduit de l'anglais par L. Burnier. *Paris, R. Delay*, 1844, 2 vol. in-8, demi-rel. v. f. fil. noirs, tr. jasp.

G.

3003. The Influence of christianity, in promoting the abolition of slavery in Europe..... by Churchill Babington. *Cambridge, printed at the university press, for J. and J.-J. Deighton*, 1846, gr. in-8, chagr. noir, fil. tr. dor.

3004. Christianisme, ou principes engagés dans la crise ecclésiastique du canton de Vaud, par le comte Agénor de Gasparin. *Genève et Paris*, 1848, 2 vol. in-8, demi-rel. v. bleu, tr. jasp.

3005. Christianisme et paganisme, ou principes engagés dans la crise ecclésiastique du canton de Vaud..., par le comte Agénor de Gasparin. *Genève et Paris*, 1848, 2 vol. gr. in-8, demi-rel. v. f.

3006. The Gospel in Advance of the Age, being a homily for the times, by the R. R. Montgomery. *Edinburgh*, 1848, in-8, cart. — Parliamentary debates on the dissenters' chapels bill. *London*, 1844. — The Life of Thomas Burgess, bishop of Salisbury. *London*, 1840. — 3 vol. in-8, cart.

3007. The Letters apostolic of pape Pius IX, considered with reference to the Law of England and the Law of Europe, by Travers Twiss. *London, Longman*, 1851, in-8, cart. (*Avec envoi d'auteur.*)

3008. Analytical Investigations concerning the credibility of the Scriptures, by Mac Culloch. *Baltimore*, 1852, 2 vol. in-8, cart.

3009. State Churches and the kingdom of Christ, by John Allen. *London*, 1853, in-8, cart.

3010. The Church, an explanation of the meaning contained in the Bible, by W. Atkinson. *London, Longman*, 1854, 2 vol. in-8, cart.

3011. L'Orthodoxie moderne. — Le Christianisme expérimental, par A. Coquerel. *Paris, J. Cherbuliez*, 1855, in-8, demi-rel. v. gris.

3012. Faith in God and modern Atheism compared, by James Buchanan. *Edinburgh*, 1855, 2 vol. in-8, cart.

3013. Le Protestantisme et ses rapports avec l'État, par C. W. Pape, traduit du hollandais. *Paris, Ch. Meyrueis*, 1856, in-12, demi-rel. v. ant. tr. jasp.

3014. Œuvres de Ph. de Marnix de Sainte-Aldegonde. — Écrits politiques et historiques, précédés d'une introduction, par Alb. Lacroix. — Tableau des différends de la religion, précédé d'une introduction générale, par Edgar Quinet. *Bruxelles*, 1857-59. — Ens. 2 vol. in-8, demi-rel. chagr. rouge et chagr. br. tr. jasp.

3015. Œuvres de Ph. de Marnix de Sainte-Aldegonde. Tableau des différends de la religion, précédé d'une introduction générale, par Edgar Quinet. *Bruxelles*, 1857, 3 vol. in-8, demi-rel. v. f. tr. jasp.

3016. Histoire de l'apologétique dans l'Église réformée française, par A. Viguié. *Paris, Grassart*, 1858, in-8, demi-rel. v. f.

3017. Mélanges religieux, par le comte Agénor de Gasparin. *Genève*, 1859. — Le Protestantisme libéral, par le pasteur Th. Bost. *Paris*, 1865. — Chants d'Israël, ou les Psaumes de la Bible, par C. Malan. *Genève*, 1830 (*Envoi d'auteur.*) — Sonnets et poëmes, par Ed. Arnould. *Paris*, 1861. — Ens. 4 vol. in-12, demi-rel. chagr. et veau tr. jasp.

3018. Essais de critique religieuse, par Albert Réville. *Paris, J. Cherbuliez*, 1860, in-8, demi-rel. maroq. brun, la Val. tr. jasp.

3019. Paris, Rome, Jérusalem, ou la Question religieuse au dix-neuvième siècle, par J. Salvador. *Paris, M. Lévy*, 1860, 2 vol. in-8, demi-rel. mar. la Val. (*Envoi d'auteur.*)

3020. Histoire de la théologie chrétienne au siècle apostolique, par Edouard Reuss. *Strasbourg, Treuttel et Würtz*, 1860, 2 vol. in-8, demi-rel. v. fr.

3021. Mélanges de critique religieuse, par Edmond Scherer. *Paris, Cherbuliez*, 1860, in-8, demi-rel. v. f.

3022. L'Église et la Société chrétiennes en 1861, par M. Guizot. *Paris, M. Lévy fr.*, 1861, in-8, demi-cart. percal, tr. jasp.

3023. L'Église et la Société chrétiennes en 1861, par M. Guizot. *Paris, M. Lévy*, 1861, in-8, demi-rel. v. f.

3024. Esprit d'Alexandre Vinet, par J.-F. Astié. *Paris, J. Cherbuliez*, 1861, 2 vol. in-8, demi-rel. v. viol.

3025. Histoire du Canon des saintes Écritures dans l'Église chrétienne, par Edouard Reuss. *Strasbourg*, 1863, in-8, demi-rel. v. f. tr. jasp.

3026. La Raison et le Christianisme. Douze lectures sur l'existence de Dieu, par Charles Secrétan. *Lausanne, L. Meyer*, 1863, in-12, demi-rel. v. f.

3027. F.-P.-G. Guizot. Beschonwingen over het wezen der Christelijke Godsdichst; naar het fransch. *Haarlem, de Erven Loosjes*, 1864, gr. in-8, cart. en percal. r. non rog.

3028. Meditations on the essence of christianity, and on the religious questions of the day, by M. Guizot, translated from the french under the superintendence of author. *Lon-*

don, *John Murray*, 1864, in-8, cart. en percal. viol. non rog.

3029. Mélanges d'histoire religieuse, par Edmond Scherer. *Paris, M. Lévy fr.*, 1864, in-8, demi-rel. v. f. tr. jasp.

3030. Méditations sur l'essence de la religion chrétienne, par M. Guizot. *Paris, M. Lévy*, 1864-68, 3 vol. in-8. demi-rel. v. f.

3031. Zur Geschichte der neuesten Theologie, von D. Carl Schwarz. *Leipzig*, 1864, in-8, demi-rel. v. f.

3032. The Formation of Christendom, by T. W. Allies. *London, Longman*, 1865, 2 vol. in-8, cart. toile, n. rog. (*Envoi d'auteur.*)

3033. Mélanges théologiques allemands, par MM. Tischendorf, Luthardt, Strauss, Dorner. *Leipzig*, 1865, in-8, demi-rel. v. v.

3034. Christendom's divisions ; being a philosophical sketch of the divisions of the christian family in East and West... *London, Longman*, 1865-67, 2 vol. pet. in-8, cart. en percale, non rog. — The temporal mission of the holy ghost, or reason and revelation, by Henry Edward, archbishop of Westminster. *London, Longman*, 1866, pet. in-8, cart. en percal. non rog. (*Envoi d'auteur.*)

3035. Mélanges religieux. *Paris*, 1865, in-8, demi-rel. v. v.

La Doctrine de la rédemption dans Schleiermacher, par F. Bonifas. — Le Père céleste, par Ernest Naville. — La divine Synthèse, par M. l'abbé Guilbert. — Notice historique sur la paroisse réformée de Strasbourg, par A. Mader. — Des Superstitions dangereuses, par H. Martin.

3036. Essai sur l'unité de l'enseignement apostolique, par F. Bonifas. *Paris, Grassart*, 1866, in-8, demi-rel. v. f. tr. (*Envoi autographe de l'auteur à M. Guizot.*)

3037. Meditations on the actual state of christianity, and on the attacks which are now being made upon it, by M. Guizot; translated under the superintendence of the author. *London, John Murray*, 1866, in-8, cart. en percal. viol. non rog.

3038. Le Fils de l'homme, par Franck Coulin. *Genève*, 1866. — Le Christianisme expérimental, par Athanase Coquerel. *Paris*, 1847. — Le Dernier Jour de la Passion, par William Hanna. *Toulouse*, 1865. — Sermons prêchés à Strasbourg par E. Colani. *Strasbourg*, 1858. — L'Anatomie du papisme et la réforme évangélique d'Angers, par F. Priaux. *Paris, Delay*, 1846. — Lucile, ou la lecture de la Bible, par Ad. Monod. *Toulouse*, 1851. Ens. 6 vol. in-12, demi-rel. chagr. et demi-rel. v.

3039. Choix de sermons et discours de Son Ém. Mgr Philarète, membre du très-saint synode de Russie, métropolite de Moscou, traduits du russe par A. Serpinet. *Paris, Dentu,* 1866, 3 vol. in-8, portrait, gr. demi-rel. veau viol. tr. jasp.

3040. The Religion of Redemption. A contribution to the preliminaries of christian apology, by W. Monsell. *London, Will. Hunt,* 1867, gr. in-8, cart. en percal. non rog.

3041. Geschichte der protestantischen Theologie, besonders in Deutschland, von Dorner. *München,* 1867, in-8, demi-rel. v. f.

3042. Sermons et homélies, par Ernest Dhombres. *Paris, Grassart,* 1867, in-12, demi-rel. v. bl.

3043. Sermons, par Édouard Verny. *Paris, Grassart,* 1867, in-8, demi-rel. v. f.

3044. Mme Napoléon Peyrat. Autour de nous et en nous-mêmes. *Paris, Grassart,* 1868, in-12. — Fantômes et réalités. *Paris, Grassart,* 1870, in-12. — Ensemble 2 vol. demi-rel. v. bleu.

3045. Sermons, par Louis Rognon, pasteur de l'Église réformée de Paris, précédés d'une notice biographique. *Paris, Ch. Meyrueis,* 1869, in-12, demi-rel. v. bleu. — Mélanges philosophiques, religieux et littéraires, par le même. *Paris,* 1870, in-12, demi-rel. v. bleu.

3046. Évangile et liberté, conférences par Charles Bois. *Paris, Grassart,* 1869, in-12, demi-rel. v. v.

3047. Études évangéliques, par Edmond de Pressensé. *Paris, Ch. Meyrueis, s. d.,* in-12, demi-rel. v. f.

3048. Homélies, par Franck Coulin. *Genève,* 1872. — Pressensé. La Vraie Liberté, 1869. — Le Manuel des chrétiens protestants. 1866. — Foi et Patrie, par Dhombres, 1871. — L'Enseignement apostolique, par Bonifas. 1866.

3049. La Vocation du chrétien, conférences et sermons de circonstance, par Franck Coulin. *Genève, A. Cherbuliez,* 1870, in-12, demi-rel. v. bl.

3050. Sermons, par Eug. Bersier et Ariste Viguié. *Paris, Meyrueis, s. d.,* in-12, demi-rel. v. bl.

3051. Le Concile du Vatican, son histoire et ses conséquences politiques et religieuses, par E. de Pressensé. *Paris, Sandoz et Fischbacher,* 1872, in-12, demi-rel. v. tr. jasp.

3052. Histoire du Psautier des églises réformées, par Félix Bovet. *Paris, Grassart,* 1872, gr. in-8, demi-rel. v viol. tr. jasp.

3053. La Conscience, par le comte A. de Gasparin. *Paris, Mich. Lévy*, 1872, in-12, demi-rel. v. f. (*Envoi de Mme de Gasparin.*)

3054. Sermons évangéliques, par Jean-Henri Grandpierre. *Paris, Grassart*, 1873, in-12, demi-rel. v. tr. jasp.

3055. Mélanges sur le Protestantisme, par Lecerf, Schæffer, Lafarcelle, Melon, etc. 12 part. in-8, en 2 vol. demi-rel.

3056. Mélanges religieux, théologie protestante, 1853 à 1867, 5 vol. in-8, demi-rel., contenant environ 40 pièces.

3057. Mélanges religieux, théologie protestante, 1845 à 1867. Environ 40 pièces en 5 vol. in-8, demi-rel.

3058. Mélanges de théologie protestante, 1831-65, 53 pièces en 3 vol. in-8, demi-rel.

Suffragance de M. Athanase Coquerel. — Le Réveil chrétien à Genève. — Foi et discipline de l'Eglise réformée.

3059. Mélanges religieux, catholiques et protestants, 1830-1860, 69 pièces environ en 7 vol. in-8 et in-12, demi-rel.

3060. Portraits biographiques. Les Protestants illustres, par Ferdinand Rossignol. *Paris, Ch. Meyrueis, s. d.*, 4 tomes en 2 vol. in-12, portr. demi-rel. v. ant.

3061. Archives du Christianisme au xix° siècle (par M. Juillerat, fondateur rédacteur), 13 années, de 1818 à 1830. *Paris*, 1818-30, 13 vol. in-8, demi-rel. bas. tr. marbr.

3062. Revue chrétienne, recueil mensuel. 15 années. *Paris, Ch. Meyrueis*, 1854-1868. 15 vol. gr. in-8, demi-rel. chagr. noir, tr. jasp.

3063. Theologische Encyclopedie, von de Herzog. *Hamburg*, 1854-68, 22 vol. gr. in-8, demi-rel. mar. n.

JURISPRUDENCE.

3065. Corpus Juris civilis Romani. *Antuerpiæ*, 1726, 2 vol. in-fol. bas.

3066. Corpus Juris civilis (Pars 1). Institutiones et Pandectæ, edidit Kriegel. *Lipsiæ*, 1833, gr. in-8, cart.

JURISPRUDENCE.

3067. Codex Theodosianus, cum perpetuis commentariis Jacobi Gothofredi. *Lipsiæ,* 1736, 6 tomes en 7 vol. in-folio, vélin.

3068. L'Interprétation des Institutes de Justinien, ouvrage inédit d'Estienne Pasquier. *Paris,* 1847, in-4, cart. n. rogn.

3069. Résumé de l'histoire de la législation romaine, suivi de l'explication historique des Institutes de Justinien avec le texte, la traduction en regard, et les explications sous chaque paragraphe, par J. Ortolan. *Paris,* 1834, in-8, demi-rel. v. tr. marbr.

3070. Pandectes de Justinien, mises dans un nouvel ordre, avec les lois du code et les novelles qui confirment, expliquent ou abrogent le droit des Pandectes, par M. R.-J. Pothier, traduites par M. de Bréard-Neuville. *Paris, Dondey-Dupré,* 1818, 24 vol. in-8, demi-rel. v. tr. jasp.

3071. De l'Organisation de la famille, en droit romain et en droit français, par Ed. Groult. *Caen, F. le Blanc-Hardel,* 1868, gr. in-8, demi-rel. v. f. tr. jasp. (*Envoi d'auteur.*)

3072. Traité des Actions, ou théorie de la procédure privée chez les Romains, exposée historiquement depuis son origine jusqu'à Justinien, par M. Zimmern, ouvrage traduit de l'allemand par L. Etienne. *Poitiers,* 1843, in-8, demi-rel. v. tr. jasp.

3073. Étude sur la condition privée de la femme dans le droit ancien et moderne, et en particulier sur le sénatus-consulte Velléien, par Paul Gide. *Paris, Durand et Pedone,* 1867, in-8, demi-rel. v. f.

3074. Histoire du Droit de propriété foncière en Occident, par Ed. Laboulaye. *Paris,* 1839, in-8, demi-rel. v. ant. tr. jasp.

3075. Essai sur les lois criminelles des Romains, concernant la responsabilité des magistrats, par Ed. Laboulaye. *Paris,* 1845, in-8, demi-rel. v. f. fil. noirs, tr. jasp.

3076. Histoire de la Législation romaine, depuis son origine jusqu'à la législation moderne. — Explication historique des Institutes de Justinien, par J. Ortolan. *Paris, Joubert,* 1835, 3 vol. in-8, demi-rel. v. tr. jasp. (*Envoi d'auteur.*)

3077. Histoire du droit civil de Rome et du droit français, par M. F. Laferrière. *Paris, Joubert,* 1846, 2 vol. in-8. — Cours de droit public et administratif mis en rapport avec la constitution et les lois nouvelles, par le même. *Paris, Joubert,* 1850, 2 vol. Ensemble 4 vol. in-8, demi-rel. mar. br.

JURISPRUDENCE.

3078. Histoire du Droit byzantin ou du droit romain dans l'empire d'Orient, depuis la mort de Justinien jusqu'à la prise de Constantinople en 1453, par J.-A.-B. Mortreuil. *Paris*, 1843-46, 3 vol. in-8, demi-rel. chagr. vert. tr. jasp.

3079. Geschichte des römischen Rechts im Mittelalter, von Carl. de Savigny. *Heidelberg*, 1815, 3 vol. in-8, demi-rel.

3080. System des heutigen römischen Rechts, von Fr. Carl von Savigny. *Berlin*, 1840, 5 vol. in-8, cart.

3081. Recueil général des formules usitées dans l'empire des Francs, du ve au xe siècle, par Eugène de Rozière. *Paris, Aug. Durand*, 1859, 2 vol. in-8, demi-rel. chagr. brun, tr. jasp.

3082. BARBARORUM Leges antiquæ, cum notis et glossariis, collegit Canciani. *Venetiis*, 1781, 5 vol. in-fol. demi-rel. mar. n. rogn.

Bel exemplaire.

3083. DUMONT ET ROUSSET. Cours universel diplomatique du droit des gens, ou recueil des traités de paix, d'alliance, etc., faits en Europe, depuis Charlemagne jusqu'à présent. *Amst.*, 1726, 8 t. en 16 vol in-fol. — Supplément, 1739, 5 tomes en 8 vol. — Hist. des traités de paix, 1725, 2 vol. — Négociations secrètes touchant la paix de Munster, 1724-25, 4 vol. in-fol. — Ensemble 19 tomes en 30 vol. in-fol. v. f. (*anc. rel.*)

Bel exemplaire en grand papier.

3084. Hugonis Grotii de Jure belli et pacis libri III, with a translation by Will. Whewell. *Cambridge*, 1853, 3 vol. in-8, cart.

3085. Le Droit de la nature et des gens, par le marquis de Puffendorf, trad. du latin de Barbeyrac. *Londres, Nourse*, 1740, 3 vol. in-4, v. portrait.

3086. Histoire du droit des gens et des relations internationales, par F. Laurent. *Gand, L. Hebbelynck*, 1850, 3 vol. in-8, demi-rel. v. ant. fil.

3087. Histoire des progrès du droit des gens en Europe et en Amérique, par Henry Wheaton. *Leipzig*, 1846, in-8, demi-rel. v. fil.

3088. Histoire des progrès du droit des gens en Europe, depuis la paix de Westphalie jusqu'au congrès de Vienne, par Henry Wheaton. *Leipzig*, 1841, in-8, demi-rel. v. vert, tr. jasp.

3089. Commentaire sur les éléments du droit international et sur l'histoire des progrès du droit des gens de Henry

Wheaton, précédé d'une notice sur la carrière diplomatique de M. Wheaton, par William Beach Lawrence. *Leipzig*, 1868-69, 2 vol. in-8, br.

3090. Traité de droit public, par M. P.-J. Destriveaux. *Bruxelles*, 1849-1852; 3 vol. in-8, demi-rel. v. bleu, tr. jasp.

3091. Traité du droit international privé, ou du conflit des lois de différentes nations en matière de droit privé, par M. Félix. *Paris, Joubert*, 1847, in-8, v. rouge, fil. à comp. tr. dor.

3092. COLLECTION de lois maritimes antérieures au XVIII° siècle, par J.-M. Pardessus. *Paris, Imprimerie royale*, 1828-1845, 6 vol. in-8, demi-rel. v. viol.

3093. Le Droit maritime international, considéré dans ses origines et dans ses rapports avec les progrès de la civilisation, par Eug. Cauchy. *Paris, Guillaumin*, 1862, 2 vol. in-8, demi-rel. v. f.

3094. The Law of nations considered as independent political communities; on the right and duties of nations in time of peace; by Travers Twiss. *Oxford, at the University press, and London, Longman*, 1861, gr. in-8, cart. en percal. non rog.

3095. The Law of nations considered as independent political communities... by Travers Twiss. *Oxford, at the Clarendon press, and London, Longman*, 1863, gr. in-8, cart. en percal. non rog.

3096. Le Droit international théorique et pratique, précédé d'un exposé historique des progrès de la science du droit des gens, par M. Charles Calvo. *Paris, Durand et Guillaumin*, 1870, gr. in-8, demi-rel. v. f. (*Envoi d'auteur.*) Tome Ier.

3097. Commission de la propriété littéraire, collection des procès-verbaux. *Paris, Firmin Didot*, 1836, in-4, demi-rel. maroq. noir, tr. jasp.

3098. Étude sur la propriété littéraire en France et en Angleterre, par M. Ed. Laboulaye. *Paris, Aug. Durand*, 1858, in-8, demi-rel. v. tr. jasp.

3099. De la Propriété intellectuelle, étude par MM. Frédéric Passy, Victor Modeste et P. Paillottet, avec une préface par M. Jules Simon. *Paris, E. Dentu*, 1859, in-12, demi-rel. v. f. tr. jasp. (*Envoi d'auteur.*)

3100. Esposizione di diritto e di fatto con autentici documenti in riposta alla dichiarazione e memoria del governo prussiano. *Roma*, 1839, in-4, br.

JURISPRUDENCE.

3101. Nouvelles Causes célèbres du droit des gens, rédigées par le baron Charles de Martens. *Leipzig et Paris*, 1843, 2 vol. in-8, demi-rel. chagr. vert, tr. dor.

3102. Du Duel considéré dans ses origines et dans l'état actuel des mœurs, par Eug. Cauchy. *Paris, Ch. Hingray*, 1846, 2 vol. in-8, demi-rel. v. f. tr. jasp. (*Envoi d'auteur.*)

3103. Essai sur le duel, par le comte de Châteauvillard. *Paris*, 1836, in-8, maroq. noir, fil. tr. dor.

3104. Philosophie du droit, par E. Lerminier. *Paris, Paulin*, 1831, 2 vol. in-8, demi-rel. v. vert, tr. jasp.

3105. Origines du droit français cherchées dans les symboles et formules du droit universel, par M. Michelet. *Paris, L. Hachette*, 1837, in-8, demi-rel. v. viol. dos orné, fil. tr. jasp. (*Envoi autogr. de l'auteur.*)

3106. Institution au droit français, par Claude Fleury, publiée par M. Ed. Laboulaye et M. Adolphe Dareste. *Paris, Aug. Durand*, 1858, 2 vol. in-8, demi-rel. v. f. tr. jasp.

3107. Lois des Francs, contenant la loi salique et la loi ripuaire, suivant le texte de du Tillet... avec la traduction en regard et des notes, par M. J.-F.-A. Peyré; précédé d'une préface par M. Isambert. *Paris, F. Didot*, 1828, in-8, demi-rel. v. viol. dos orné.

3108. Loi salique, ou Recueil contenant les anciennes rédactions de cette loi et le texte connu sous le nom de *Lex emendata*, avec des notes et des dissertatons par J.-M. Pardessus. *Paris, Imprimerie royale*, 1843, in-4, demi-rel. chagr. bleu.

3109. Waitz. Das alte Recht der salischen Franken, von George Waitz. *Kiel*, 1846. — Deutsche Verfassungsgeschichte. *Kiel*, 1847. — 3 tom. en 2 vol. in-8, demi-rel.

3110. Les Coutumes du Beauvoisis, par Philippe de Beaumanoir, jurisconsulte français du XIIIe siècle; édition publiée par le comte Beugnot. *Paris, J. Renouard*, 1842, 2 vol. gr. in-8, demi-rel. v. f. fil.

3111. Les Olim, ou registres des arrêts rendus par la cour du Roi, sous les règnes de saint Louis, de Philippe le Hardi, de Philippe le Bel, de Louis le Hutin et de Philippe le Long, publiés par le comte Beugnot. *Paris, Impr. royale*, 1839-1848, 3 tomes en 4 vol. in-4, dont 3 vol. rel. en v. ant. fil. non rogn. et 1 vol. cart. non rogn.

Exemplaire en grand papier vélin.

3112. Assises et bons usages du royaume de Jérusalem, tirés d'un manuscrit de la bibliothèque Vaticane, par messire

Jean d'Ibelin; ensemble les Coutumes de Beauvoisis...., avec notes par Gaspard de la Thaumassière. *Imprimé à Bourges, et Paris, Jacques Morel*, 1680, 2 part. en 1 vol. in-fol. v. m.

3113. Essai sur la féodalité. Introduction au droit féodal des pays du Nord, par Edouard Secrétan. *Lausanne, G. Bridel*, 1858, in-8, demi-rel. mar. br.

3114. Recherches sur la juridiction du roi, sur celle de l'évêque dans le bailliage de Troyes, par M. Th. Boutiol. *Troyes*, 1873. — Etude sur les anciennes juridictions du haut pays d'Auvergne, par M. Ed. Bonnefons. *Paris, Jouaust*, 1874, 2 br. in-8. (*Envois d'auteurs*.)

3115. Traités sur les coutumes anglo-normandes, par Houard. *Paris*, 1776, 4 vol. in-4, v.

3116. La Coutume de Nivernais, par Guy Coquille; nouvelle édition, publiée avec une introduction, une notice sur la vie et les œuvres de Guy Coquille par M. Dupin. *Paris, H. Plon*, 1864, in-8, demi-rel. maroq. rouge, tr. jasp.

3117. Traité de l'usage des fiefs et autres droits seigneuriaux, par Denis de Salvaing. *Avignon*, 1731, in-fol. v.

3118. Cujacii Opera omnia. *Lugduni*, 1614, 4 vol. in-fol. v.

3119. Plaidoyers et œuvres diverses de M. Patru. *Paris, Séb. Mabre-Cramoisy*, 1681, in-8, v. brun.

3120. Les Lois civiles dans leur ordre naturel, par Domat. *Paris*, 1777, in-fol. bas.

3121. Œuvres complètes de J. Domat, précédées d'une notice historique sur Domat, par Joseph Remy. *Paris*, 1828-30, 4 vol. in-8, demi-rel. v. viol. tr. jasp.

3122. Œuvres d'Omer et de Denis Talon, avocats généraux au Parlement de Paris, publiées sur les manuscrits autographes par D.-B. Rives. *Paris, A. Egron*, 1821, 6 vol. in-8, demi-rel. v. f. dos orné.

3123. Œuvres complètes du chancelier d'Aguesseau, augmentées d'un discours préliminaire par M. Pardessus. *Paris*, 1819, 16 vol. in-8, demi-rel. bas.

3124. Commentaire sur l'esprit des lois de Montesquieu. *Liége, J.-F. Desoer*, 1817, in-8, demi-rel. v. gris.

3125. Discours, rapports et travaux inédits sur le Code civil, par Jean-Etienne-Marie Portalis, publiés par le vicomte Frédéric Portalis. *Paris, Joubert*, 1844, in-8, demi-rel. v. tr. jasp.

JURISPRUDENCE.

3126. Commentaire approfondi du Code civil, par M.-A. Mailher de Chassat. *Paris*, 1832, 2 vol. in-8, demi-rel. v. tr. marbr.

3127. Institutes de droit français, conformément aux dispositions du Code Napoléon, par M. Delvincourt. *Paris*, 1810, 3 vol. in-8, demi-rel. v. f. tr. jasp.

3128. Programme du Cours de droit civil français fait à l'école de Paris, par M. A. Demante. *Paris, Alex. Gobelet*, 1835, 3 vol. in-8. demi-rel. v. vert. tr. jasp.

3129. Analyse des Questions judiciaires et définitions des termes de pratique avec les lois et décisions analogues, par M. G. Decamps. *Paris*, 1835, in-8, v. rose dent. et rosace, tr. mar.

3130. Philosophie de la procédure civile, Mémoire sur la réformation de la justice, par Raymond Bordeaux. *Evreux*, 1857, in-8, demi-rel. v. bleu, tr. jasp.

3131. Dupin. Traité des apanages. *Paris, Joubert*, 1835, in-18, demi-rel. mar. br. — Jésus devant Caïphe et Pilate. *Paris, Barba*, 1864, in-32, demi-rel. v. bl.

3132. Traité de la Législation des théâtres, par M. Vivien et Ed. Blanc. *Paris*, 1830, in-8, demi-rel. v. tr. marbr.

3133. Traité des Minorités, tutelles et curatelles de la puissance paternelle, des émancipations, conseils de famille, interdictions et généralement des capacités et incapacités qui naissent de ces diverses situations suivant la nouvelle législation, par M. A. Magnin. *Paris*, 1833, 2 vol. in-8, demi-rel. v. tr. marbr.

3134. Dissertations juridiques sur quelques-uns des points les moins éclaircis ou les plus controversés en doctrine et en jurisprudence, par C. Le Gentil. *Paris, Aug. Durand*, 1855, 2 vol. in-8, demi-rel. chagr. brun, tr. jaspé. (*Envoi d'auteur.*)

3135. Code de la Martinique, nouvelle édition, par M. Durand-Molard (1642 à 1813). *A Saint-Pierre Martinique*, 1807-14, 5 vol. in-8, bas.

3136. Notions statistiques sur la librairie pour servir à la discussion des lois sur la presse, par Rendu. *Paris, Firmin Didot*, 1827, in-4, demi-rel. v. ant.

3137. Bulletin annoté des Lois, décrets et ordonnances, depuis le mois de juin 1789 jusqu'au mois d'août 1830, enrichi de notices par MM. Odilon Barrot, Vatimesnil, Ymbert, mis en ordre et annoté par M. Lepec. *Paris, Paul Dupont*, 1857, 20 vol. in-8, demi-rel. chagr. noir, tr. jasp.

3138. De la Réforme du Code pénal français et de quelques articles des autres codes qui y ont rapport, par Michel Soliméne. *Paris, Joubert,* 1845, in-8, demi-rel. chagr. rouge, tr. jasp.

3139. Le Ministère public en France, traité et code de son organisation, de sa compétence et de ses fonctions dans l'ordre politique, judiciaire et administratif, par J. Ortolan. *Paris,* 1831, 2 vol. in-8, demi-rel. v. tr. jasp. (*Envoi d'auteur.*)

3140. Concordance entre les lois hypothécaires étrangères et françaises, par M. Antoine de Saint-Joseph. *Paris, Videcoq,* 1847, gr. in-8, demi-rel. chagr. vert. tr. jasp. (*Envoi d'auteur.*)

3141. Collection des lois des États modernes. *Paris,* 1837-44, 8 vol. in-8, demi-rel. chagr. brun. tr. jasp.

Procédure civile du canton de Genève. — Code civil de l'Empire d'Autriche. — Code civil de l'Empire de Russie. — Du royaume de Sardaigne, 2 vol. — Du royaume d'Espagne et du royaume des Deux-Siciles.

3142. Esprit, origine et progrès des institutions judiciaires des principaux pays de l'Europe, par J.-D. Meyer. *Paris, Foulon,* 1819, 3 vol. in-8. demi-rel. chagr. viol. tr. jasp.

3143. Recueil des anciennes ordonnances de la Belgique, publié par ordre du roi (par MM. Polain et Gachard). — Principauté de Liége. — Duché de Bouillon. — Principauté de Stavelot. — Pays-Bas autrichiens. *Bruxelles, Fr. Gobbaerts,* 1860-1872. Ensemble 7 vol. in-fol. demi-rel. chargr. noir.

3144. RECUEIL des anciennes coutumes de la Belgique, publié par ordre du Roi... *Bruxelles, Fr. Gobbaerts,* 1867-1873, 9 vol. in-4, demi-rel. mar. vert foncé.

3145. Recueil des ordonnances des Pays-Bas autrichiens; troisième série, 1700-1794, par M. Gachard. *Bruxelles,* 1873, tom. 3, in-fol. br.

3146. Lois russes (en russe) de 1294 à 1700. 1836, 4 vol. in-4, demi-rel. mar. viol.

3147. Répertoire historique et chronologique des traités conclus par la Hollande, depuis 1789 jusqu'à nos jours, par M. H. A. Van Dyk. *Utrecht,* 1846, in-8, demi-rel. v. vert, tr. jasp.

3148. Austin. The Province of Jurisprudence determined and Lectures on Jurisprudence. *London, Murray,* 1861-1863, 3 vol. in-8, cart.

3149. Commentaries on the constitutional law of England, by George Bowyer. *London,* 1846, in-8, cart.

3150. Lex Regia : det er, Den souveraine konge lov... 1709, in-fol. maroq. r. tr. dor.

Cet exemplaire du Konge Lov, ou Loi Royale du Danemark en 1665, a été tiré de sa bibliothèque par le roi Christian VIII, pour être offert en son nom à M. Guizot.

3151. Recherches sur la constitution de la propriété territoriale dans les pays musulmans et subsidiairement en Algérie, par M. Worms. *Paris*, 1846, in-8, demi-rel. v. f. tr. jasp.

3152. Concordance entre les codes de commerce étrangers et le code de commerce français, par Antoine de Saint-Joseph. *Paris*, 1844, in-4, v.

3153. Exposition raisonnée de la législation commerciale et examen critique du code de commerce, par M. Em. Vincens. *Paris, Barrois l'ainé*, 1821, 3 vol. in-8, demi-rel. v. tr. jasp.

3154. Répertoire du droit commercial, ou Recueil mensuel des lois, ordonnances et décisions relatives au commerce de terre et de mer, par F.-M. Patorni. *Paris*, 1830-32, 3 vol. in-8, v. rose, fil. orn. à froid, tr. dor.

3155. Études de droit commercial, ou du droit fondé par la coutume universelle des commerçants, par A. Fremery. *Paris*, 1833, in-8, demi-rel. v. tr. marbr.

3156. Le Droit commercial dans ses rapports avec le droit des gens et le droit civil, par M. G. Massé. *Paris, Guillaumin*, 1844, 2 vol in-8, demi-rel. v. tr. jasp.

3157. Du Droit industriel dans ses rapports avec les principes du droit civil sur les personnes et sur les choses, par Renouard. *Paris, Guillaumin*, 1860, in-8. demi-rel. v. tr. jasp.

3158. Droit municipal au moyen âge, par Ferdidand Béchard. *Paris, Durand*, 1861-62, 2 vol. in-8, mar. brun, tr. jasp. (*Envoi d'auteur.*)

3159. Droit municipal au moyen âge, par Ferdinand Béchard. *Paris, A. Durand*, 1861, in-8, demi-rel. v. f. tr. jasp. (*Envoi d'auteur.*)

3160. Droit municipal dans les temps modernes (XVI° et XVII° siècles), par Ferdinand Béchard. *Paris, Durand*, 1866, in-8, demi-rel. v. f.

3161. Béchard (F.). Lois municipales des républiques de la Suisse et des Etats-Unis. — De l'Administration intérieure de la France. *Paris*, 1851, 3 vol. in-12, demi-rel. v.

JURISPRUDENCE.

3162. Des Tribunaux administratifs, ou Introduction à l'étude de la jurisprudence administrative, par L.-A. Macarel. *Paris*, 1828, in-8, demi-rel. chagr. brun, tr. jasp.

3163. Éléments de droit public et administratif, suivis d'un appendice contenant le texte des principales lois du droit public, par E.-V. Foucart. *Paris*, 1834, 2 vol. in-8, demi-rel. v. vert, tr. jasp.

3164. Cours de droit administratif professé à la Faculté de droit de Paris, par M. Macarel. *Paris, G. Thorel*, 1844, 2 vol. in-8, demi-rel. v. f. tr. jasp. (*Envoi d'auteur.*)

3165. Essai sur la centralisation administrative, par F. Béchard. *Marseille et Paris*, 1836, 2 vol. in-8, demi-rel. v. tr. jasp.

3166. Cours de droit administratif, par M. A. Trolley. *Paris*, 1844-54, 5 vol. in-8, demi-rel. dos et coins de mar. rouge, fil. tr. dor.

3167. Études sur l'administration, par le baron Léon de Vaux du Cher. *Paris*, 1845, in-8, demi-rel. chagr. bleu, fil. tr. jasp.

3168. Études administratives, par M. Vivien. *Paris, Guillaumin*, 1845, in-8, demi-rel. v. fil. tr. jasp.

3169. Aperçu des progrès administratifs introduits dans les services départementaux de 1830 à 1845, particulièrement dans l'Aveyron, par M. de Guizard. *Paris, Dupont*, 1846, in-8, demi-rel. mar. vert, tr. jasp.

3170. Histoire administrative (1789-1815); Frochot, préfet de la Seine, par L. Passy. *Evreux*, 1867, in 8, demi-rel. v. f. tr. jasp.

3171. Traité du domaine public, ou de la Distinction des biens considérés principalement par rapport au domaine public, par M. Proud'hon. *Dijon, Victor Lagier*, 1833-34, 5 vol. in-8, demi-rel. v. tr. marbr.

3172. Cours public d'histoire du droit politique et constitutionnel, par M. E. Ortolan. *Paris*, 1831, in-8, demi-rel. v. tr. marbr.

3173. Rossi. Cours de droit constitutionnel, recueilli par M. A. Porée. *Paris, Guillaumin*, 1866-67, 3 vol. in-8, demi-rel. v. f.

3174. Législation électorale, avec l'analyse des principes et de la jurisprudence sur cette matière, par M. le président Favart de Langlade. *Paris, Firmin Didot*, 1830, in-8, demi-rel. v. ant. tr. marbr.

3175. Traité des délits et contraventions de la parole, de l'écriture et de la presse, par M. Chassan. *Paris, Videcoq*, 1846, 2 vol. in-8, demi-rel. v. tr. jasp. (*Envoi d'auteur*.)

3176. Théorie des peines et des récompenses, par M. Jérémie Bentham. *Londres*, 1811, 2 vol. — De l'Organisation judiciaire et de la codification, extraits de divers ouvrages de Jérémie Bentham. *Paris*, 1828. — Traité des preuves judiciaires, ouvrage extrait des manuscrits de M. Jérémie Bentham. *Paris*, 1823, 2 vol. Ens. 5 vol. in-8, demi-rel. v. tr. jasp.

3177. Études sur la question des peines, par E.-H. Michaux. *Paris, Challamel aîné*, 1872, in-8, demi-rel. v. viol.

3178. Du Système pénal et du système répressif en général, et de la peine de mort en particulier, par M. Ch. Lucas. *Paris*, 1827. — Nécessité du maintien de la peine de mort, tant pour les crimes politiques que pour les crimes privés, par M. Urtis. *Paris*, 1831. Ensemble 2 vol. in-8, demi-rel. v.

3179. Recherches sur la probabilité des jugements en matière criminelle, précédées des règles générales du calcul des probabilités, par S.-D. Poisson. *Paris, Bachelier*, 1837, in-4, demi-rel. v. vert, tr. jasp.

3180. Traité du droit pénal, par M. P. Rossi. *Paris*, 1829, 3 vol. in-8, demi-rel. v.

3181. Traité théorique et pratique du droit criminel français, ou Cours de législation criminelle, par M. Rauter. *Paris, Ch. Hingray*, 1836, 2 vol. in-8, demi-rel. v. tr. jasp.

3182. Cours de code pénal, par A. Bertauld. *Paris et Caen*, 1854, gr. in-8, demi-rel. chagr. bleu, tr. jasp.

3183. Le Droit pénal étudié dans ses principes, dans les usages et les lois des différents peuples du monde, par J. Tissot. *Paris, Cotillon*, 1860, in-8, demi-rel. v. bleu, tr. jasp.

3184. Histoire du droit criminel de l'Espagne, par Albert du Boys. *Paris, Durand et Pedone-Lauriel*, 1870, gr. in-8, demi-rel. v. vert.

3185. A System of penal law for the state of Louisiana, by Edward Livingston. *Philadelphia*, 1833, gr. in-8, cart.

3186. Exposé d'un système de législation criminelle pour l'Etat de la Louisiane et pour les Etats-Unis d'Amérique, par Edward Livingston. *Paris, Guillaumin et C*$^\text{e}$, 1872, 2 vol. in-8, demi-rel. dos et coins de v. f. tête dor. n. rog. (*Envoi de la fille de l'auteur*.)

3187. Ta-Tsing-Leu-Lée, ou les Lois fondamentales du code pénal de la Chine, avec le choix des statuts supplémentaires, traduit du chinois par Georges-Thomas Staunton. *Paris,* 1812, 2 vol. in-8, bas.

3188. Dupin. Manuel du droit public ecclésiastique français. — Règles de droit et de morale. — Présidence de l'Assemblée législative. *Paris,* 1853-60, 3 vol. in-12, demi-rel.

3189. Liber diurnus, ou Recueil des formules usitées par la chancellerie pontificale du ve au xie siècle, publié par Eugène de Rozière. *Paris, Durand,* 1869, in-8, demi-rel. v. f. (*Envoi d'auteur.*)

3190. Dictionnaire du droit canonique et de pratique bénéficiaire, par Durand de Maillane. *Lyon,* 1776. 5 vol. in-4, bas.

3191. Manuel pratique de droit civil ecclésiastique, ou exposé de la législation et de la jurisprudence sur l'administration temporelle du culte catholique et ses rapports avec l'autorité civile, par A. Campion. *Paris,* 1866, in-8, demi-rel. v. viol.

3192. Traité de la police des cultes, par Louis Dufour. *Paris, Cosse,* 1847, 2 vol. in-8, demi-rel. v. vert, fil. tr. jasp.

3193. Dictionnaire d'administration ecclésiastique à l'usage des deux églises protestantes de France, suivi du texte des lois et règlements... des mêmes églises dans les principaux Etats de l'Europe, par Ernest Lehr. *Paris,* 1869, in-8, demi-rel. v. f.

SCIENCES ET ARTS.

SCIENCES PHILOSOPHIQUES.

1. Généralités. — Logique.

3194. Essai sur l'ouvrage de J. Huarte : « Examen des aptitudes diverses pour les sciences. » Thèse par J.-M. Guardia. *Paris, Durand,* 1855, in-8, demi-rel. mar. v. (*Envoi d'auteur.*)

G.

3195. Eudoxe. Entretiens sur l'étude des sciences, des lettres et de la philosophie, par J.-P.-F. Deleuze. *Paris, F. Schœll*, 1810, 2 vol. in-8, demi-rel. v. bleu, tr. jasp.

3196. Essai sur la philosophie des sciences, ou Exposition analytique d'une classification naturelle de toutes les connaissances humaines, par A.-M. Ampère. *Paris*, 1834, in-8, cart.

3197. Archives philosophiques, politiques et littéraires. *Paris, chez Fournier*, 1817-18, 3 vol. in-8, demi-rel. bas.

3198. Archives philosophiques, politiques et littéraires. *Paris, Fournier*, 1817-18, 3 vol. in-8, bas.

3199. Tennemann. Geschichte der Philosophie. *Leipzig*, 1798, 10 vol. in-8, demi-rel.

3200. Geschichte der Philosophie, von Buhle. *Göttingen*, 1800, 6 vol. in-8, demi-rel.

3201. Histoire comparée des systèmes de philosophie, relativement aux principes des connaissances humaines, par J. M. Dégerando. *Paris, Henrichs*, 1804, 3 vol. in-8, v. rac.

3202. Manuel de l'histoire de la philosophie, traduit de l'allemand de Tennemann, par V. Cousin. *Paris, Pichon et Didier*, 1829, 2 vol. in-8, demi-rel. v. f. tr. marbr.

3203. Histoire abrégée de la philosophie ancienne et moderne, par M. C. Hippeau. *Paris, L. Hachette*, 1833, in-8, demi-rel. v. ant.

3204. Histoire de la philosophie, par le Dr Henri Ritter, traduite de l'allemand par C.-J. Tissot. *Paris, Ladrange*, 1835-36, 4 vol. in-8, demi-rel. v. viol. tr. jasp.

3205. Histoire générale de la philosophie, par M. Victor Cousin. *Paris, Didier*, 1863, in-8, demi-rel. v. f. (*Envoi d'auteur.*)

3206. Fragments philosophiques pour servir à l'histoire de la philosophie, par Victor Cousin. *Paris, Didier et Durand*, 1865-66, 5 vol. in-8, demi-rel. v. f. n. rog. (*Envoi d'auteur.*)

3207. Essai historique sur l'école d'Alexandrie, par Jacques Matter. *Paris, F.-G. Levrault*, 1820, 2 vol. in-8, cart. n. rog. (*Envoi d'auteur.*)

3208. Histoire critique de l'école d'Alexandrie, par E. Vacherot. *Paris, Ladrange*, 1846-1851, 3 vol. in-8, demi-rel. v. viol. fil. tr. jasp.

3209. Essai sur l'histoire de la philosophie en France, au XVII° siècle, par Ph. Damiron. *Paris, L. Hachette*, 1846, 2 vol. in-8, v. f. fil. noirs, tr. jasp.

3210. Mémoires pour servir à l'histoire de la philosophie au XVIII° siècle, par Ph. Damiron. *Paris, Ladrange*, 1858, 2 vol. in-8, demi-rel. v. f.

3211. Essai sur l'histoire de la philosophie en France, au XIX° siècle, par M. Ph. Damiron, *Paris*, 1828, 2 vol. in-8, demi-rel. v. f. (*Envoi d'auteur.*)

3212. Mélanges de philosophie, d'histoire et de littérature, par M. Ch.-M. de Féletz. *Paris, Grimbert*, 1828-30, 6 vol. in-8, demi-rel. v. bleu, tr. jasp.

3213. Mélanges philosophiques, littéraires, historiques et religieux, par M. P.-A. Stapfer, précédés d'une notice sur l'auteur, par M. A. Vinet. *Paris, Paulin*, 1844, 2 vol. in-8, demi-rel. dos et coins de maroq. rouge, fil. tr. marbr.

3214. Histoire de la philosophie allemande, depuis Kant jusqu'à Hegel, par J. Willm. *Paris, Ladrange*, 1846-49, 4 vol. in-8, demi-rel. bas.

3215. Hegel et Schopenhauer. Études sur la philosophie allemande moderne, depuis Kant jusqu'à nos jours, par A. Foucher de Careil. *Paris, L. Hachette*, 1862, in-8, demi-rel. mar. v.

3216. Philosophie de l'histoire, professée en dix-huit leçons publiques, à Vienne, par Frédéric de Schlegel, ouvrage traduit de l'allemand en français, par M. l'abbé Léchat. *Paris, chez Parent-Desbarres*, 1836, 2 vol. in-8, demi-rel. v. vert, tr. jasp.

3217. La Méthodologie des sciences morales et politiques, appliquée à la science de l'histoire, par Cros-Mayre-Vieille. *Paris et Leipzig, J. Renouard*, 1848, in-8, demi-rel. maroq. brun, tr. jasp.

3218. Précis d'un cours élémentaire de logique, par M. Pellissier. *Paris, A. Durand*, 1855, in-12, demi-rel. chagr. citr. (*Envoi d'auteur.*)

3219. A. Gratry. Philosophie, Logique, et de la Connaissance de Dieu. *Paris, Douniol et Lecoffre*, 1854-55, 4 vol. in-8, demi-rel. chagr. noir, tr. jasp.

3220. Essais de logique, leçons faites à la Sorbonne de 1848 à 1856, par Ch. Waddington. *Paris, Durand*, 1857, in-8, demi-rel. v. viol. tr. jasp.

3221. La Logica soprannaturale, o i misteri nella ragione, per Clemente Busi. *Firenze*, 1868, in-8, demi-rel.

2. Métaphysique.

3222. Études de philosophie grecque et latine, par M. Ch. Lévêque. *Paris, A. Durand*, 1864, in-8, br. (*Envoi d'auteur.*)

3223. Tableau des progrès de la pensée humaine depuis Thalès jusqu'à Hegel, par Nourrisson. *Paris, Didier*, 1867, in-8, demi-rel. v. bl. (*Envoi d'auteur.*)

3224. Tableau des progrès de la pensée humaine depuis Thalès jusqu'à Hegel, par Nourrisson. *Paris, Didier*, 1867, in-8, demi-rel. mar. bl. (*Envoi d'auteur.*)

3225. Philosophie spiritualiste de la nature, introduction à l'histoire des sciences physiques dans l'antiquité, par Th.-Henri Martin. *Paris, Dezobry et E. Magdeleine*, 1849, 2 t. en 1 vol. in-8, demi-rel. v. f. fil. noirs, tr. jasp.

3226. Histoire de la philosophie ionienne. — Études philosophiques, par M. C. Mallet. *Paris, veuve Maire-Nyon*, 1842-44, 2 vol. in-8, demi-rel. chagr. viol. et chagr. vert, tr. jasp.

3227. ŒUVRES DE PLATON, traduites par Victor Cousin. *Paris, Rey*, 1846, 12 vol. in-8, demi-rel. v. f. fil.

3228. Études sur la dialectique dans Platon et dans Hegel, par Paul Janet. *Paris, Ladrange*, 1861, in-8, demi-rel. v. gris. (*Envoi d'auteur.*)

3229. Commentaire sur le Cratyle de Platon, par Ch. Lenormant. *Athènes*, 1861, in-8, demi-rel. chagr. brun, tr. jasp.

3230. Essai sur la Métaphysique d'Aristote, par Félix Ravaisson. *Paris, Impr. royale*, 1837-1846, 2 vol. in-8, demi-rel. v. bleu, tr. jasp. (*Envoi d'auteur.*)

3231. De la Psychologie d'Aristote, par C. Waddington-Kastus. *Paris, Joubert*, 1848, in-8, demi-rel. chagr. rouge, tr. jasp.

3232. Commentaria doctoris Johannis Scoti in duodecim libros Methaphisice Aristotelis. (Ad finem :) *Parisiis, per Magistrum Petrum Vidoue, impensis Frellon*, 1520, pet. in-fol. goth. rel. en bois.

3233. Procli, philosophi Platonici, Opera inedita, Victor Cousin. *Parisiis, apud Aug. Durand*, 1864, in-4, demi-rel. v. f. (*Envoi d'auteur.*)

3234. Procli philosophi Platonici Opera... lectionis varietate, versione latina, commentariis illustravit Victor Cousin.

Parisiis, excud. J.-M. Eberhart, 1820-27, 6 vol. in-8, demi-rel. v. ant. dos orné.

3235. De la Liberté et du hasard. Essai sur Alexandre d'Aphrodisias, suivi du Traité du destin et du libre pouvoir aux Empereurs, traduit par Nourrisson. *Paris, Didier*, 1870, in-8, demi-rel. v. f.

3236. Histoire d'Aristarque de Samos, suivie de la traduction de son ouvrage sur les distances du soleil et de la lune,... par M. de F***. *Paris, veuve Duminil-Lesueur*, 1810, in-8, demi-rel. v. r. dos orné.

3237. Epicteti dissertationum ab Arriano digestarum libri IV. Ejusdem Enchiridion et ex deperditis sermonibus fragmenta; post Jo. Uptoni... recensuit, latina versione, adnotationibus, indicibus illustravit Joh. Schweighæuser. *Lipsiæ, in libraria Weidmannia*, 1799-1800, 5 tomes en 6 vol. in-8, demi-rel. v. f. dos orné.

3238. De la Morale de Plutarque, par Octave Gréard. *Paris, L. Hachette*, 1866, in-8, demi-rel. v. f. fil. noirs, tr. jasp.

3239. Les Ennéades de Plotin, chef de l'école néoplatonicienne, par M. H. Bouillet. *Paris, L. Hachette*, 1857-1861, 3 vol. in-8, demi-rel. v. f. tr. jasp.

3240. Senecæ philosophi Opera, a Justo Lipsio emendata. *Antuerpiæ*, 1652, in-fol. v. portrait.

3241. De l'Influence du Stoïcisme à l'époque des Flaviens et des Antonins, par Félix Robiou. *Rennes*, 1852, in-8, demi-rel. chagr. rouge, tr. jasp.

3242. La Science et les Lettres en Orient, par J. Ampère, avec une préface par M. Barthélemy Saint-Hilaire. *Paris, Didier*, 1865, in-8, demi-rel. v. f. tr. jasp.

3243. Renan (Ernest). Averroès. Essai historique. *Paris, A. Durand*, 1852, demi-rel. v. f. — Le Livre de Job. *Paris, Mich. Lévy*, 1859, in-8, demi-rel. v. f. — Le Cantique des cantiques. *Paris, Mich. Lévy*, 1860, in-8, demi-rel. v. viol. — Essais de morale et de critique. *Paris, Mich. Lévy*, 1859, in-8, demi-rel. v. f. — Questions contemporaines. *Paris, Mich. Lévy*, 1868, in-8, demi-rel. v. gris.

3244. Considérations philosophiques, religieuses, historiques, etc., par l'émir Abd-el-Kader, traduites par Gustave Dugat. *Paris, Benjamin Duprat*, 1858, in-8, demi-rel. chagr. bleu, tr. jasp.

3245. Confucius et Mencius. Les Quatre Livres de philosophie morale et politique de la Chine, traduits du chinois, par M. G. Pauthier. *Paris, Charpentier*, 1841, in-12, demi-rel. mar. viol. (*Envoi d'auteur.*)

SCIENCES ET ARTS.

3246. Considérations sur la marche des idées et des événements dans les temps modernes, par M. Cournol, *Paris, Hachette*, 1872, 2 vol. in-8, demi-rel. v. viol.

3247. Ouvrages inédits d'Abélard, pour servir à l'histoire de la philosophie scolastique en France, publiés par M. V. Cousin. *Paris, Impr. royale*, 1836, in-4, v. ant. fil. non rog.
Exemplaire en grand papier vélin.

3248. Petri Abælardi Opera. Victor Cousin. *Parisiis, apud Aug. Durand*, 1849, 2 vol. in-4, demi-rel. v. f. (*Envoi d'auteur.*)

3249. Abélard, par Ch. de Rémusat. *Paris, Ladrange*, 1845, 2 vol. in-8, demi-rel. chagr. vert.

3250. Histoire de la philosophie cartésienne, par Francisque Bouillier. *Paris, Ch. Delagrave*, 1868, 2 vol. in-8, demi-rel. chagr. vert.

3251. Œuvres de Descartes, publiées par Victor Cousin. *Paris, Levrault*, 1824-26, 11 vol. in-8, demi-rel. v. f. — Œuvres inédites de Descartes, précédées d'une introduction sur la Méthode par le comte Foucher de Careil. *Paris, Aug. Durand*, 1859, in-8, demi-rel. maroq. viol.

3252. Descartes considéré comme physiologiste et comme médecin. 1869. — Conférences sur les devoirs des hommes, par Salmon. 1869. — De la Science de la nature, par Magy. 1865. — Philosophie de la morale. 1870, — La Religion progressive, par Alaux, etc. — 8 vol. in-8 et in-12.

3253. Cousin (V.). Études sur Pascal. — Études littéraires. — La Société française au xviie siècle. 2 vol. — De l'Instruction publique en Hollande et en Prusse. *Paris, Didier*, 1837-58, 5 vol. in-8, demi-rel. v. viol.

3254. Opuscules philosophiques de Pascal. In-12. — Les deux Morales, — Des Méthodes dans la science du raisonnement, par Duhamel. 1865. — Le Mal social. — Le Credo du xxe siècle. — L'Art de plaire. — L'Amour dans le mariage, par M. Guizot. — 12 br. in-8 et in-12.

3255. La Philosophie de Malebranche, par Léon Olli-Laprune. *Paris, Ladrange*, 1870, 2 vol. in-8, demi-rel. veau viol.

3256. Méditations métaphysiques et correspondance de Nic. Malebranche avec J. Dortous de Mairan. *Paris, Delloye*, 1841, in-8, demi-rel. v. f.

3257. Œuvres inédites de Maine de Biran, publiées par Ern. Naville avec la collaboration de Marc Débrit, *Paris, Dezobry et Magdeleine*, 1859, 3 vol. in-8, demi-rel. v. tr. jasp.

SCIENCES ET ARTS.

3258. Des Signes et de l'art de penser considérés dans leurs rapports mutuels, par J.-M. Degérando. *Paris, an VIII*, 4 vol. in-8, bas. tr. marbr.

3259. Essais de philosophie, ou Étude de l'esprit humain. *Genève, J. Paschoud, an XIII*, 2 vol. in-8, demi-rel. bas.

— Même ouvrage, même édition. 2 tomes en 1 vol. in-8, demi-rel. bas.

3260. Examen des leçons de philosophie de M. Laromiguière. *Paris, Fournier*, 1817, in-8, demi-rel. v. f.

3261. Taine (H.). Les Philosophes français du xixe siècle. — Nouveaux Essais de critique et d'histoire. *Paris, L. Hachette*, 1860-65, 2 vol. in-12, demi-rel. v. viol.

3262. De l'Influence attribuée aux philosophes, aux francs-maçons et aux illuminés sur la révolution de France, par J.-J. Monnier. *Paris, Ponthieu*, 1822, in-8, demi-rel. v. ant. tr. marbr.

3263. Mélanges de philosophie, de morale et de littérature, par J.-H. Meister. *Genève et Paris*, 1822, 2 vol. in-8, demi-rel. v. ant. tr. marbr.

3264. Œuvres de Joseph Droz, de l'Académie française. *Paris, Jules Renouard*, 1826, 2 vol. in-8, demi-rel. v. viol. tr. jasp.

3265. Jouffroy (Théodore). Mélanges philosophiques. *Paris, Paulin*, 1843. — Cours d'esthétique. *Paris, Hachette*, 1843. — Esquisses de philosophie morale. *Paris*, 1826. — Nouveaux Mélanges philosophiques. *Paris, Joubert*, 1842. — Ens. 4 vol. in-8, demi-v.

3266. Éléments de philosophie, par Patrice Larroque. *Lyon, Perisse fr.*, 1830, in-8, cart. n. rog.

3267. Cours de philosophie positive, par M. Auguste Comte. *Paris, Bachelier*, 1830-1842, 6 vol. in-8, demi-rel. v. vert. (*Envoi d'auteur.*)

3268. Auguste Comte et la philosophie positive, par E. Littré. *Paris, L. Hachette*, 1863, in-8, demi-rel. v. f. — Conservation, révolution et positivisme, par le même. *Paris, Ladrange*, 1852, in-12, demi-rel. v. f.

Premiers Essais de philosophie. — Philosophie de Kant. — Philosophie écossaise. — Philosophie sensualiste. — Du Vrai, du Beau et du Bien.

3269. Programme d'un cours complet de philosophie, par M. Gatien-Arnoult. *Paris, Hachette*, 1830, in-8, demi-rel. v. f. tr. marbr. (*Envoi autographe de l'auteur à M. Guizot.*)

3270. Introduction à l'étude de la philosophie, par J.-E. Thurot. *Paris, Aimé André*, 1830, 2 vol. in-8, demi-rel. v. f. tr. marbr.

3271. Cours de philosophie. Psychologie, par M. Ad. Mazure. *Poitiers*, 1831-32, 2 vol. in-8, demi-rel. v. ant. tr. marbr.

3272. Leçons de philosophie. Sur les Principes de l'intelligence, ou sur les Causes et sur les origines des idées, par M. Laromiguière. *Paris, Brunot-Labbe*, 1833, 2 vol. in-8, demi-rel. v. rose, tr. marbr.

3273. Nouveau Cours de philosophie, rédigé d'après le programme de philosophie pour le baccalauréat ès lettres par E. Géruzez. *Paris, Delalain*, 1833, in-8, demi-rel. v. ant. tr. marbr.

3274. Études philosophiques, par M. C. Mallet. *Paris, Mme Maire-Nyon*, 1836-38, 2 vol. in-8, demi-rel. v. viol. tr. jasp.

3275. Cours de philosophie : Psychologie, par M. Ph. Damiron. *Paris, L. Hachette*, 1837, 2 vol. in-8, demi-rel. chagr. vert, tr. jasp.

3276. Esquisse d'une philosophie, par F. Lamennais. *Paris, Pagnerre*, 1840-46, 4 vol. in-8, demi-rel. chagr. n. dos orné.

3277. De l'Affaiblissement des études morales, par M. Matter. *Paris, J. Hetzel et Paulin*, 1841, in-8, demi-rel. chagr. bleu, tr. jasp.

3278. Essais de philosophie, par Ch. de Rémusat. *Paris, Ladrange*, 1842, 2 vol. in-8, demi-rel. v. viol.

3279. Mélanges philosophiques, littéraires, historiques et religieux, par M. P.-A. Stapper, précédés d'une notice sur l'auteur par M. A. Vinet. *Paris, Paulin*, 1844, 2 vol. in-8, demi-rel. chagr. viol.

3280. Proudhon (P.-J.). Mélanges. *Paris, Garnier*, 1849, 2 vol. — Idées révolutionnaires. *Paris*, 1849. — Les Confessions d'un révolutionnaire. *Paris*, 1851. — Idée générale de la révolution au xixe siècle. *Paris*, 1851. — La Révolution sociale démontrée par le coup d'Etat. *Paris*, 1852. — Ensemble 6 vol. in-12, demi-rel. v. gris.

3281. De la Justice dans la Révolution et dans l'Église. Nouveaux principes de philosophie pratique, par P.-J. Proudhon. *Paris, Garnier*, 1858. 3 vol. in-12, demi-rel. v. gris.

3282. Essai sur les fondements de nos connaissances et sur les caractères de la critique philosophique, par A. Cournot. *Paris, L. Hachette*, 1851, 2 vol. in-8, demi-rel. v. f. tr. jasp.

3283. Cours de philosophie, par L. Deblaire. *Bar-le-Duc*, 1851, gr. in-8, demi-rel. chagr. viol. tr. jasp.

3284. Considérations sur le dogme générateur de la piété catholique, par l'abbé Ph. Gerbert. *Paris, A. Vaton*, 1852, in-12, demi-rel. v. gris. — La Science de la foi, par Ant. Rondelet. *Paris, Renault*, 1867, in-12, demi-rel. v. viol.— Le Spiritualisme dans l'art, par Ch. Lévêque. *Paris, Germer-Baillière*, 1864, in-12, demi-rel. v. bl. — La Vie de Jésus et son nouvel historien, par M. H. Vallon. *Paris, Hachette*, 1864, in-12, demi-rel. v. f. (*Envoi d'auteur.*) — Le Christianisme et le suffrage universel, par C. de Renusson. *Paris, E. Dentu*, 1863, in-12, demi-rel. v. f. — Le Pays de l'Evangile, notes d'un voyage en Orient, par Edmond de Pressensé. *Paris, Ch. Meyrueis*, 1864, in-12, demi-rel. v. ant.

3285. Essai sur la vie et la doctrine de Saint-Martin, le philosophe inconnu, par E. Caro. *Paris, Hachette*, 1852, in-8, demi-rel. v. viol. tr. jasp.

3286. Réponses à des objections faites contre le principe de la dualité du dynamisme humain, précédées d'une introduction par le professeur Lordat. *Montpellier*, 1854, in-8, demi-rel. chagr. bleu, tr. jasp.

3287. Histoire critique des doctrines religieuses: de la Philosophie religieuse, par Christian Bartholmess. *Paris, Ch. Meyrueis*, 1855, 2 vol. in-8, demi-rel. mar. viol.

3288. Œuvres philosophiques de M. V. Cousin. *Paris, Librairie nouvelle*, 1856-57, 5 vol. in-12, demi-rel. v. f.

3289. Philosophie et Religion, par H.-L.-C. Maret. *Paris, J. Leroux*, 1856, in-8, demi-rel. v. f.

3290. Du Beau dans la nature, l'art et la poésie, études esthétiques par Adolphe Pictet. *Paris, Cherbuliez*, 1856, in-12, demi-rel. v, ant. tr. jasp.

2291. Fragments sur l'art et la philosophie, suivis de notes et pensées diverses recueillies dans les papiers de Alfred Tonnellié, publiés par G.-A. Heinrich. *Tours, Mame*, 1859, gr. in-8, demi-rel. v. f. (*Envoi d'auteur.*)

3292. Essai de philosophie religieuse, par Émile Saisset. *Paris, Charpentier*, 1859, in-8, demi-rel. v. f.

3293. Traité de l'enchaînement des idées fondamentales dans les sciences et dans l'histoire, par M. Cournot. *Paris, L. Hachette*, 1861, 2 vol. in-8, demi-rel. v. j. tr. jasp.

3294. La Paix, méditations historiques et religieuses, par A. Gratry. *Paris, C. Douniol*, 1861, in-8, demi-rel. v. bl. — Henri Perreyve, par le même. *Paris, Ch. Douniol*, 1866, in-8, demi-rel. v. f. — Les Sources, conseils pour la conduite de l'esprit, par le même. *Paris, Ch. Douniol*, 1861, in-18, demi-rel. v. ant.

3295. Essai de philosophie religieuse, par Émile Saisset. *Paris, Charpentier*, 1862, 2 vol. in-12, demi-rel. v. vert. (*Envoi d'auteur.*)

3296. Saint-Martin, le philosophe inconnu, sa vie et ses écrits, par M. Matter. *Paris, Didier*, 1862, in-8, demi-rel. v. f.

3297. Le Campo Santo de Pise, ou le Scepticisme, dialogue philosophique par A. Conti, publié avec une introduction par Ernest Naville. *Paris, J. Cherbuliez*, 1863, in-16, demi-rel. v. f.

3298. La Métaphysique et la science, par Étienne Vacherot. *Paris, Chamerot*, 1863, 3 vol. in-12, demi-rel. v. vert, tr. jasp. — La Science et la conscience, par E. Vacherot. *Paris*, 1870, in-12, demi-rel. v. f. (*Envoi d'auteur.*)

3299. Essai de philosophie critique, par E. Vacherot. *Paris, F. Chamerot*, 1864, in-8, demi-rel. v. viol.

3300. Les Sophistes et la critique, par A. Gratry. *Paris, Ch. Douniol*, 1864, in-8, demi-rel. v. f. — Une Etude sur la sophistique contemporaine, ou Lettre à M. Vacherot, par le même. *Paris, Ch. Douniol*, 1851, in-8, demi-rel. v. r. (*Envoi d'auteur.*)

3301. Le Progrès, par Edm. About. *Paris, Hachette*, 1864, in-8, demi-rel. mar. noir, tr. jasp. (*Envoi d'auteur.*)

3302. Études d'histoire religieuse, par Ern. Renan. *Paris*, 1864. — La Liberté civile et le pouvoir administratif en France, par Eug. Poitou. *Paris*, 1869. — Précis d'un cours complet de philosophie élémentaire, par M. Pélissier. *Paris*, 1867. — La Théorie du progrès indéfini, par J. Thonissen. *Tournai*, 1867. Ens. 4 vol. in-12, demi-rel. v. tr. jasp.

3303. Les Philosophes français contemporains et leurs systèmes religieux, par M. Eugène Poitou. *Paris, Charpentier*, 1864, in-12, demi-rel. v. f. (*Envoi d'auteur.*)

3304. Philosophie des deux Ampère, publiée par J. Barthélemy Saint-Hilaire. *Paris, Didier*, 1866, in-8, demi-rel. v. f. tr. jasp.

3305. La Liberté dans l'ordre intellectuel et moral, études de droit naturel, par Emile Beaussire. ***Paris, A. Durand*** et *Pedone-Lauriel*, 1866, demi-rel. v. f. tr. jasp. (*Envoi d'auteur.*)

3306. Le Matérialisme et la science, par E. Caro. *Paris, L. Hachette*, 1867, in-12. — Les Jours d'épreuve, 1870-1871, par E. Caro. *Paris, Hachette*, 1872, in-12. Ens. 2 vol. demi-rel. v. bleu. (*Envois d'auteur signés.*)

3307. Le Matérialisme et la science, par E. Caro. *Paris, L. Hachette*, 1868, in-12, demi-rel. v. bl. (*Envoi d'auteur.*)

3308. Les Sciences et la philosophie. Essais de critique philosophique et religieuse, par Th.-Henri Martin. *Paris, Didier*, 1869, in-12, demi-rel. v. f.

3309. L'Athéisme du dix-neuvième siècle devant l'histoire, la philosophie médicale et l'humanité, par le Dr Evariste Bertulus. *Paris, veuve Jules Renouard*, 1869, in-8, demi-rel. v. bleu, tr. jasp.

3310. Le Libre Examen et la Presse, ce n'est pas le progrès, c'est la révolution certaine, partout et toujours, par Emmanuel Perrot. *Paris, Ch. Douniol*, 1869, in-8, demi-rel. v. f.

3311. Heures de philosophie. — Feuilles-pensées et maximes, par Octave Pirmez. *Bruxelles*, s. d., 2 vol. in-8, portr. photogr. demi-rel. dos et coins de v. f. (*Envoi d'auteur.*)

3312. Étude de métaphysique religieuse. Le Surnaturel, par C.-J. Blanche. *Paris, V. Palmé*, 1872, in-8, demi-rel. v. bleu. — De l'Union de la religion et de la morale, par l'abbé Em. Castan. *Paris, V. Palmé*, 1871, in-8, demi-rel. v. ant.

3313. Mélanges de philosophie et de morale (1838-1861), par Charma, Naville, Cousin, etc. 50 pièces en 9 vol. in-8, demi-rel.

3314. Mélanges philosophiques (1853-68), environ 20 pièces, par Cousin, Ravaisson, etc. en 3 vol. in-8, demi-rel.

3315. Mélanges philosophiques, par Royer-Collard, Maine de Biran, Cousin, Stapfer, Lasteyrie, etc. Environ 100 pièces en 13 vol. in-8, cart.

3316. La Religion considérée comme l'unique base du bonheur et de la véritable philosophie, ouvrage fait pour servir à l'éducation des enfants de S. A. S. Mgr le duc d'Orléans, par Mme la marquise de Sillery (Mme de Genlis), *Paris*, 1787, in-8, bas. tr. marbr.

3317. De la Religion considérée dans sa source, ses formes et ses développements, par M. Benjamin Constant. *Paris*,

SCIENCES ET ARTS.

Bossange, Pichon et Didier, 1824-31, 5 vol. in-8, demi-rel. chagr. noir, tr. jasp.

3318. La Religion, par E. Vacherot. *Paris, Chamerot et Lauwereyns*, 1869, in-8, demi-rel. v. f. tr. jasp.

3319. L'Idée de Dieu et ses nouveaux critiques, par E. Caro. *Paris, L. Hachette*, 1864, in-8, demi-rel. v. f. (*Envoi d'auteur.*)

3320. De l'Idée de Dieu, d'après la tradition chrétienne et les diverses autres théodicées... par M. l'abbé Em. Castan. *Paris, V. Palmé*, 1871, 2 vol. in-8, demi-rel. v. ant.

3321. Essai sur l'homme, ou accord de la philosophie et de la religion, par Ed. Alletz. *Paris*, 1829, 2 vol. in-8, demi-rel. v. viol. tr. jasp.

3322. Essai sur l'étude de l'homme considéré sous le double point de vue de la vie animale et de la vie intellectuelle, par Ph. Dufour. *Paris, Isidore Pesron*, 1833, 2 vol. in-8, v. fil. à comp. tr. dor.

3323. L'Homme connu par la révélation et considéré dans sa nature, dans ses rapports, dans ses destinées; sujet traité en Sorbonne dans le cours d'Ecriture sainte, par M. l'abbé Frère. *Paris*, 1833, 2 vol. in-8, demi-rel. chagr. viol. tr. jasp.

3324. Considérations sur la nature de l'homme en soi-même et dans ses rapports avec l'ordre social, par le comte de Redern. *Paris, Treuttel et Würtz*, 1835, 2 vol. in-8, v. ant. tr. jasp.

3325. De l'Existence générale, de celle de l'homme en société et de ses fins, par M. Piault. *Paris, Treuttel et Würtz*, 1841, in-8, demi-rel. tr. jasp.

3326. Théorie de l'homme intellectuel et moral, par S.-C. Henri Cros. *Paris, Bachelier*, 1842, 2 vol. in-8, demi-rel. v. f. tr. jasp. (*Envoi de l'auteur à M. Guizot.*)

3327. De l'Existence universelle, de celle de l'homme en société et de ses fins, par M. Piault. *Paris, Firmin Didot*, 1847, in-8, demi-rel. v. f. tr. jasp.

3328. Théorie de l'homme intellectuel et moral, par S.-Ch. Henri Cros. *Paris, Mallet-Bachelier*, 1857, 2 vol. in-8, demi-rel. v. f.

3329. Étude sur l'homme, par Latena, 1863, 2 vol. papier fort. — Homo, 1872. — Essai d'un ultimum organum, par de Strada, 2 vol. — Esquisses littéraires, etc. 7 vol. in-12, brochés.

3330. Études sur le passé, le présent et l'avenir de l'humanité, par F.-G. Goëssin. *Paris, Aug. Desrez*, 1838, 2 vol. in-8, demi-rel. v. ant. tr. jasp.

3331. Coup d'œil d'un vieillard sur les phases diverses de la vie humaine, par Jelons. *Genève*, 1854, in-8, demi-rel. chagr. viol.

3332. Harmonies de la nature, ou Recherches philosophiques sur le principe de la vie, par J.-A. Agnès. *Paris et Saint-Servan*, 1857-61, 2 vol. forts in-8, demi-rel. bas. tr. jasp.

3333. De la Dignité humaine, par Em. de Latheulade. *Paris*, 1859. — Inductions morales et physiologiques, par M. Kératry. *Paris*, 1841. — Essai sur l'histoire de l'humanité, par Michaël Antonides. *Leipzig*, 1859. — Discours sur l'étude de la philosophie naturelle, par Herschel. *Paris*, 1834. Ensemble 4 vol. in-12, demi-rel. chagr. et veau, tr. jasp.

3334. Du Principe vital et de l'âme pensante, ou examen des diverses doctrines médicales et psychologiques sur les rapports de l'âme et de la vie, par Francisque Bouillier. *Paris, Baillière*, 1862, in-8, demi-rel. v. f. tr. jasp.

3335. La Nature humaine. Essais de psychologie appliquée, par Nourrisson. *Paris, Didier*, 1865, in-8, demi-rel. v. f. (*Envoi d'auteur.*)

3336. La Nature humaine. Essais de psychologie appliquée, par Nourrisson. *Paris, Didier*, 1865, in-8, demi-rel. v.

3337. Le Problème de la vie, par Lowis Mortier. *Paris, Bray et Rétaux*, 1872, in-8, demi-rel. v. bl.

3338. Études contemporaines. La Vie dans l'esprit et dans la matière, par le R. P. Elie Méric. *Paris, Albanel*, 1873, in-12, demi-rel. v. bl.

3339. Essai sur l'inégalité des races humaines, par M. A. de Gobineau. *Paris, F. Didot*, 1853, 2 vol. in-8, demi-rel. v. ant.

3340. Essays on the intellectual powers of Man, by Thomas Reid. *Dublin*, 1786, 2 vol. in-8, v.

3341. An Estimate of the human Mind, a philosophical inquiry, by John Davies. *London, Parker*, 1847, gr. in-8, cart. (*Envoi d'auteur.*)

3342. Essai sur les caractères de la vérité dans les diverses séries d'études auxquelles s'applique l'esprit humain, par M. Paul Fleury. *Paris, Waille*, 1844, in-8, demi-rel. dos et coins de chagr. noir.

3343. Harmonies de l'intelligence humaine, par Édouard Alletz. *Parent*, 1846, 2 vol. in-8, mar. noir, jans. tr. dor. (*Envoi autographe de l'auteur à M. Guizot.*)

3344. L'Instinct, ses rapports avec la vie et avec l'intelligence. Thèse présentée à la Faculté des lettres de Paris, par Henri Joly. *Paris, E. Thorin*, 1869, in-8, demi-rel. v. f.

3345. De l'Intelligence, par H. Taine. *Paris, L. Hachette*, 1870, 2 vol. in-8, demi-rel. v. f.

3347. Esquisses philosophiques et réflexions sur l'adversité, par P.-L. Darlu. *Perrotin*, 1855, in-8, demi-rel. chagr. brun, tr. jasp.

3348. Du Doute, par M. Henri de Cossoles. *Paris, Didier*, 1867, in-12, demi-rel. v. v.

3349. La Liberté, par Jules Simon. *Paris, L. Hachette*, 1859, 2 vol. in-12, demi-rel. v. ant.

3350. Philosophie du bonheur, par Paul Janet. *Paris, Mich. Lévy fr.*, 1863, in-8, demi-rel. v. f. (*Envoi d'auteur.*)

3351. Doctrine des rapports du physique et du moral, pour servir de fondement à la physiologie dite intellectuelle, et à la métaphysique, par F. Bérard. *A Paris, chez Gabon*, 1823, in-8, demi-rel. v. ant. tr. marbr. (*Envoi d'auteur à M. Guizot.*)

3352. La Science du beau, étudiée dans ses principes, dans ses applications et dans son histoire, par Ch. Lévêque. *Paris, Aug. Durand*, 1861, 2 vol. in-8, demi-rel. v. bleu, tr. jasp. (*Envoi autographe de l'auteur à M. Guizot.*)

3353. La Science du beau, ses principes, ses applications et son histoire, par Ch. Lévêque. *Paris, A. Durand et Pedone-Lauriel*, 1872, 2 vol. in-8, demi-rel. v. viol. tr. jasp. (*Envoi autographe de l'auteur à M. Guizot.*)

3354. La Vie future suivant la Foi et suivant la Raison, par Th.-Henri Martin. *Paris, Dezobry*, 1858, in-12, v. f. tr. jasp.

3355. L'Immortalité, la mort et la vie, étude sur la destinée de l'homme, par M. Baguenault de Puchesse. *Paris, Didier*, 1864, in-8, demi-rel. v. viol.

3356. LEIBNITZ. Gothofredi Guilielmi Leibnitii.... Opera omnia, nunc primum collecta studio Ludovici Dutens. *Genevæ, apud fratres de Tournes,*, 1768, 5 tomes en 7 vol. in-4, portrait, demi-rel. bas.

Exemplaire provenant de la bibliothèque du duc de Broglie. Avec une intéressante note autographe de M. Guizot, signée G., relative au legs qui lui a été fait de cet ouvrage dans le testament de M. de Broglie, et citant le passage du testament.

3357. Leibniz und Landgraf Ernst von Hessen Reinfelds, von Rommel. *Frankfurt*, 1847, pet. in-8, chagr. vert, tr. dor.

3358. La Philosophie de Leibniz, par M. Nourrisson. *Paris, L. Hachette*, 1860, in-8, demi-rel. maroq. brun la Vall. tr. jasp. (*Avec envoi autographe signé de l'auteur à M. Guizot.*)

3359. Histoire philosophique de l'Académie de Prusse, depuis Leibniz jusqu'à Schelling, particulièrement sous Frédéric le Grand, par Christian Bartholmess. *Paris, Marc Ducloux*, 1850-51, 2 vol. in-8, demi-rel. v. ant.

3360. Introduction critique aux Œuvres de Spinoza, par Emile Saisset. *Paris, Charpentier*, 1860, in-8, demi-rel. v. gris. (*Envoi d'auteur.*)

3361. Spinoza et le naturalisme contemporain, par Nourrisson. *Paris, Didier*, 1866, in-12, demi-rel. v. f. (*Envoi d'auteur.*)

3362. Œuvres de Spinoza, traduites par Émile Saisset. *Paris, Charpentier*, 1861, 3 vol. in-12, demi-rel. v. v. — Mélanges d'histoire, de morale et de critique, par le même. *Paris, Charpentier*, 1859, in-12, demi-rel. v. gris. (*Envoi d'auteur.*)

3363. Spinoza et le Naturalisme contemporain, par Nourrisson. *Paris, Didier*, 1866, in-12, demi-rel. v. viol. — Eléments de philosophie, par M. Alph. Aulard. *Paris, E. Belin*, 1869, in-12, demi-rel. v. viol. (*Envois d'auteurs.*)

3364. Idées sur la philosophie de l'histoire de l'humanité, par Herder, ouvrage traduit de l'allemand et précédé d'une introduction, par Edgar Quinet. *Paris*, 1827-28, 3 vol. in-8, demi-rel. v. f. tr. marbr.

3365. Cours d'Esthétique, par W.-Fr. Hegel, analysé et traduit en partie par M. Ch. Bénard. *Paris et Nancy*, 1840-52, 5 vol. in-8, demi-rel. v. ant. tr. jasp.

3366. La Philosophie de Gœthe, par E. Caro. *Paris, L. Hachette*, 1866, in-8, demi-rel. v. f. (*Envoi d'auteur.*)

3367. Principes métaphysiques du droit, suivis du projet de paix perpétuelle, par Emm. Kant. *Paris, Ladrange*, 1853, in-8. demi-rel. v. tr. jasp.

3368. Principes métaphysiques de la morale, par Emm. Kant, troisième édition en français, avec une introduction et des notes, par Joseph Tissot. *Paris, Ladrange*, 1854, in-8, demi-rel. v. f. tr. jasp.

SCIENCES ET ARTS.

3369. Qu'est-ce que la Religion, d'après la nouvelle philosophie allemande? par Hermann Ewerbeck. *Paris, Ladrange* 1850, in-8, demi-rel. mar. br.

3370. Philosophie de la tradition, par J.-F. Molitor, traduit de l'allemand par Xavier Quiris. *Paris*, 1834, in-8, demi-rel. v. f. tr. marbr.

3371. Der Einfluss der herrschenden Ideen des 19 Jahrhundertsauf den Staat, von Baron Joseph Eotros. *Leipzig*, 1854, 2 vol. in-8, demi-rel. v. f.

3372. Scoti Erigenæ de divisione naturæ libri V. *Oxonii*, 1681, in-fol. v.

3373. Précis de la philosophie de Bacon et des progrès qu'ont faits les sciences naturelles par ses préceptes et son exemple, par J.-A. Deluc. *Paris, veuve Nyon*, 1802, 2 vol. in-8, demi-rel. v. ant. tr. marbr.

3374. Histoire de la vie et des ouvrages de François Bacon, baron de Verulam et vicomte de Saint-Alban, suivie de quelques-uns de ses écrits, traduite par J.-B. de Vauzelles. *Paris et Strasbourg*, 1833, 2 vol. in-8, demi-rel. v. ant. tr. marbr.

3375. Œuvres philosophiques de Bacon, publiées d'après les textes originaux, avec notice, sommaires et éclaircissements, par M. N. Bouillet. *Paris, L. Hachette*, 1834, 3 vol. in-8, demi-rel. v. f. fil. noirs, tr. jasp.

3376. Philosophie de Locke, par M. V. Cousin. *Paris, Didier*, 1861, in-8, demi-rel. v. viol.

3377. Essays on the powers of the human mind; to which are prefixed an essay on quantity, and an analysis of Aristotelic logic, by Thomas Reid. *Edinburgh, printed for Bell and Bradfutte*, 1819, 3 vol. avec portrait. — Account of the life and writings of Thomas Reid.... by Dugald Stewart. *Edinburgh*, 1803, 1 vol. — Ensemble 4 vol. in-8, v. f. fil. dos orné.

Exemplaire provenant de la bibliothèque DE BROGLIE; sur la garde on lit une intéressante *note autographe* de M. Guizot, reproduisant le passage du testament du duc de Broglie, par lequel cet ouvrage lui a été légué.

3378. Œuvres complètes de Thomas Reid, chef de l'école écossaise, publiées par M. Th. Jouffroy, avec des fragments de M. Royer-Collard. *Paris, Victor Masson*, 1836, 6 vol. in-8, demi-rel. v.

3379. Lives of philosophers of the time of George III, by Henry lord Brougham. *London*, 1855, in-12, cart. toile, n. rog.

3380. Éléments de la philosophie de l'esprit humain, par Dugald Stewart, traduit de l'anglais par Pierre Prévost. *Genève*, 1808, 2 vol. in-8, demi-rel. v. ant.

3381. Philosophie des facultés actives et morales de l'homme, par Dugald Stewart, traduction de l'anglais par le docteur Léon Simon. *Paris, Alex. Johanneau*, 1834, 2 vol. in-8, demi-rel. v. f. tr. marbr.

3382. Fragments de philosophie, par M. William Hamilton, traduit de l'anglais par M. Louis Peisse. *Paris, Ladrange*, 1840, in-8, demi-rel. v. v. (*Envoi d'auteur.*)

3383. The Philosophy of the inductive sciences founded upon their history, by the R.-W. Whewell. *London, Parker*, 1840, 2 vol. in-8. cart. n. rogn.

3384. History of civilisation, by W. Al. Mackinson. *London, Longman*, 1846, 2 vol. in-8, cart.

3385. Historical Account of christian civilisation by prof. de Vericourt. *London*, 1850. in-8, cartonné.

3386. Philosophy of the infinite, a treatise on Man's knowledge of the infinite being, by the R.-H. Calderwood. *Cambridge, Mac Millan*, gr. in-8, cart.

3387. History of the rise and influence of the spirit of rationalism in Europe by W.-E.-H. Lecky. *London, Longman*, 1865. 2 vol. in-8, cart. toile, n. rog.

3388. Modern Scepticism by C.-J. Ellicott. *London, Hodder*, 1871, in-8, cart. toile, n. rog.

3389. The philosophical Transactions of the Royal Society of London. *London*, 1809, 14 vol. in-4, cart.

Volumes 2, 0, 6, et 8 à 18.

3. Morale.

3390. Étude sur Marc-Aurèle, sa vie et sa doctrine, par E. de Suckau. *Paris, A. Durand*, 1857, in-8, demi-rel. mar. n.

3391. Pensées de l'Empereur Marc-Aurèle-Antonin, traduites du grec par M. de Joly. *Paris, Ant.-Aug. Renouard*. 1796, in-18, pap. vél. portr. bas. rac. dent. tr. dor.

3392. Les Moralistes sous l'empire romain. — Philosophes et poëtes, par C. Martha. *Paris, Hachette*, 1865, in-8. br.

3393. Histoire de la philosophie morale, particulièrement aux XVIIe et XVIIIe siècles, par sir James Mackintosh, traduit de l'anglais par M. H. Poret. *Paris, et Strasbourg*,

1834, in-8, demi-rel. v. vert, tr. marbr. (*Envoi autographe de l'auteur à M. Guizot.*)

3394. Études sur les Moralistes français, suivies de quelques réflexions sur divers sujets, par M. Prévost-Paradol. *Paris, L. Hachette*, 1865, in-12, demi-rel. v. v. (*Avec envoi d'auteur.*)

3395. Essais de Michel de Montaigne. *Paris, Lebigre fr. et Firmin Didot*, 1833, 4 vol. in-8, demi-rel. v. vert, tr. marbr. portrait.

3396. Prévost-Paradol. Études sur les moralistes français. — Elisabeth et Henri IV. — Quelques pages d'histoire contemporaine. *Paris, M. Lévy*, 1862-63, 4 vol. in-12, demi-rel. v.

3397. Œuvres complètes de la Rochefoucauld, avec notes et variantes. *Paris, Ponthieu*, 1825, in-8, portr. demi-rel. v. viol.

3398. Œuvres complètes de Vauvenargues. *Paris, Brière*, 1821, 3 vol. in-8, demi-rel. v. r. n. rog.

3399. Essai d'instruction morale, ou les devoirs envers Dieu, le prince et la patrie, la société et soi-même. *Paris, Brunot-Labbe*, 1812, 2 vol. in-4, portr. demi-rel. mar. br.

3400. Cours élémentaire de philosophie morale, professé pendant 40 ans dans divers établissements publics de la capitale, par J.-B. Maugras. *Paris, Pichon et Didier*, 1830, in-8, demi-rel. v. tr. marbr.

3401. De l'Influence des mœurs sur les lois et de l'Influence des lois sur les mœurs, par M. Matter. *Paris, Firmin Didot*, 1832, in-8, demi-rel. v. tr. marbr.

3402. De l'Influence des mœurs sur les lois et de l'Influence des lois sur les mœurs, par M. J. Matter. *Paris, Firmin Didot*, 1843, in-8, demi-rel. chagr. viol. fil. tr. jasp.

3403. Compas de route pour les amis de la vérité, dans un temps de confusion des idées, offert par des amis de la vérité. *Kœnigsberg et Mohrungen*, 1857, 3 vol. in-8, cart.

3404. Études de philosophie morale et d'économie politique, par M. H. Baudrillart. *Paris, Guillaumin*, 1858, 2 vol. in-12, demi-rel. v. f. (*Envoi d'auteur.*)

3405. Pensées et Réflexions morales et politiques du comte de Ficquelmont, précédées d'une notice sur sa vie, par M. le baron de Barante. *Paris, Didier*, 1859, in-8, demi-rel. mar. r.

3406. Histoire des doctrines philosophiques dans l'Italie contemporaine, par Marc Debrit. *Paris*, 1859. — Conseils aux ouvriers sur les moyens qu'ils ont d'être heureux, par Barrau. *Hachette*, 1850. — Maximes et réflexions sur différents sujets de morale et de politique. *Paris*, 1807. — Fruits de la solitude, ou réflexions et maximes sur la manière de se conduire dans le cours de la vie. *Londres*, 1827. — Philosophie du peuple, œuvres posthumes de J.-M. Lequinio. *Paris*, 1796. Ensemble 5 vol. in-12, demi-rel. chagr. bleu et rouge et dem. v. et bas.

3407. Principes supérieurs de la morale adressés à tous les hommes, par André Pezzani. *Paris et Lyon*, 1859, in-8, demi-rel. v. f. tr. jasp.

3408. Des Rapports de la morale et de l'économie politique, par H. Baudrillart. *Paris, Guillaumin*, 1860, in-8, demi-rel. v. fr. (*Envoi d'auteur*.)

3409. De la Morale avant les philosophes, par Louis Ménard. *Paris, Didot*, 1860, in-8, demi-rel. v. f.

3410. Méditations et Études morales, par M. Guizot. *Paris, Didier*, 1861, in-8, portr. demi-rel. v. f.

3411. Études morales et politiques, par Édouard Laboulaye. *Paris, Charpentier*, 1862, in-8, br.

3412. Lemoine (Albert). L'Aliéné devant la philosophie, la morale et la société. *Paris, Didier*, 1862, in-8, demi-rel. mar. br. — L'Ame et le Corps. *Paris, Didier*, 1862, in-12, demi-rel. mar. br. — De la Physionomie et de la parole. *Paris, Germer-Baillière*, 1865, in-12, demi-rel. v. br. — Du Sommeil au point de vue physiologique et psychologique. *Paris, J.-B. Baillière*, 1855, in-12, demi-rel. mar. br.

3413. Œuvres inédites de la Rochefoucauld, publiées d'après les manuscrits conservés par la famille, et précédées de l'histoire de sa vie, par Édouard de Barthélemy. *Paris, L. Hachette*, 1863, in-8, demi-rel. chagr. tr. jasp.

3414. Raisons des devoirs, ou motifs déterminants de nos obligations dans le droit, la morale et la religion, par le baron Carra de Vaux. *Paris*, 1864, in-8, demi-rel. maroq. brun.

3415. La Morale et la loi de l'histoire, par A. Gratry. *Paris, Ch. Douniol*, 1868, 2 vol. in-8, demi-rel. v. viol. — Petit Manuel de critique, par le même. *Paris, Ch. Douniol*, 1866, in-18, demi-rel. v. bl.

3416. De la Bonté morale, par Ad. Schæffer. *Paris*, 1868. (*Envoi d'auteur*.) — L'Egalité, par le comte Agénor de Gasparin, *Paris*, 1869. — Œuvres sociales de W.-E. Channing, précédées d'une introduction par Ed. Laboulaye.

Paris. 1834. — Nouvelles Études morales sur le temps présent, par E. Caro. *Paris*, 1869. — Ensemble 4 vol. in-8, demi-rel. v. tr. jasp.

3417. La Liberté morale, par le comte Agénor de Gasparin. *Paris, Mich. Lévy*, 1868, 2 vol. in-12, demi-rel. bas. v.

3418. Morale et Politique, par Ernest Bersot. *Paris, Didier*, 1868, in-8, demi-rel. v. vert. (*Envoi d'auteur.*)

3419. La Morale universelle, par le baron L. de Guldenstubbe. *Paris, Dentu*, 1868, in-12, br. (2 exempl.). — Les Bienfaiteurs modernes de l'humanité, par L. Abelous. *Toulouse*, 1872, in-12, br.

3420. Philosophie du devoir, ou Principes fondamentaux de la morale, par M. Ferraz. *Paris, Didier*, 1869, in-8, demi-rel. v. bleu, tr. jasp.

3421. La Famille depuis le commencement du monde jusqu'à nos jours, par Ch. Moussy. *Paris, s. d.*, in-8, demi-rel. v. f.

3422. Les Pères et les enfants au xixe siècle, par Ernest Legouvé. — La Jeunesse. *Paris, J. Hetzel, s. d.*, in-12, demi-rel. v. f. tr. jasp.

3423. Du Prêtre, de la femme, de la famille, par J. Michelet. *Paris, Hachette et Paulin*, 1845, in-8, demi-rel. v. viol. fil. dos orné. tr. jasp.

3424. La Bonté, par Charles Rozan. *Paris, J. Hetzel, s. d.*, in-12, demi-rel. v. v.

3425. La Religion naturelle, par Jules Simon. *Paris, Hachette*, 1857, in-12, demi-rel. v. f. — La Liberté de conscience, par le même. *Paris, Hachette*, 1857, in-12, demi-rel. v. gris.

3426. Le Devoir, par Jules Simon. *Paris, L. Hachette*, 1860, in-12, demi-rel. v. f. tr. jasp.

3427. L'Ouvrière, par Jules Simon. *Paris, L. Hachette*, 1861, in-8, demi-rel. v. f. (*Envoi d'auteur.*)

3428. L'École, par Jules Simon. *Paris, A. Lacroix*, 1865, in-8, demi-rel. v. bl.

3429. Dieu et la conscience, par Charles Waddington. *Paris, Didier*, 1870, in-8, demi-rel. v. f. (*Envoi d'auteur.*)

3430. Le Chemin de la vérité, par le comte de Champagny. *Paris, Bray*, 1872, in-12, demi-rel. v. viol.

3431. De la Conscience en psychologie et en morale, par Francisque Bouillier. *Paris, Germer-Baillière*, 1872, in-12, demi-rel. v. f. (*Envoi d'auteur.*)

SCIENCES ET ARTS.

3432. Erreurs et préjugés populaires, par Adolphe Puissant. *Paris, Germer-Baillière*, 1873, in-12, demi-rel. v. v. (*Avec envoi d'auteur à M. Guizot.*)

3433. Le Pape et la liberté, par le P. Constant. *Paris, V. Palmi*, 1873. — Feminiana, éducation, influence, caractères et devoirs des femmes, par J. Darche. *Paris, Ch. Blériot*, 1873. — Le Rôle des femmes dans l'agriculture, par P.-E. C. *Paris*, 1872. — Aux Vieillards, ouvrage posthume de M. P.-E. Jardin. *Paris*, 1873, 4 vol. in-12, br. (*Envoi d'auteur.*)

3434. La Morale, par Paul Janet. *Paris, Ch. Delagrave*, 1874, in-8, br. (*Envoi d'auteur.*)

3435. De la Propriété, par M. A. Thiers. *Paris, Paulin-Lheureux*, 1848, in-8, demi-rel. v. brun, tr. jasp.

Sur le titre de cet ouvrage se trouvent ces mots autographes : *M. Guizot. A. Thiers.*

3436. Mémoires de l'Institut, sciences morales et politiques. *An VI*, 5 vol. in-4. — Académie des sciences morales et politiques, 1837 à 1865, 12 vol. in-4. — Savants étrangers, 1847, 2 vol. — Ensemble 19 vol. in-4, cart. et br.

3437. Petits Traités publiés par l'Académie des sciences morales et politiques. *Paris, Pagnerre*, 1848-49, 4 vol. pet. in-12, demi-rel. chagr. rouge, tr. jasp.

Thiers. Du Droit de propriété. — Mignet. Vie de Franklin. — Damiron. De la Providence. — Portalis. L'Homme et la société. — Blanqui. Des Classes ouvrières. — Villermé. Des Associations ouvrières. — V. Cousin. Justice et charité. — Dupin. Bien-être et concorde.

3438. Les Prix de vertu, fondés par M. de Montyon, discours prononcés à l'Académie française, de 1819 à 1856, réunis avec une notice sur M. de Montyon, par MM. Frédéric Lock et J. Conby d'Aragon. *Paris, Garnier frères*, 1858, 2 vol. in-12, demi-rel. v. vert, tr. jasp. (*Envoi autographe des auteurs à M. Guizot.*)

3439. The Tatler (by W. Addison). *London, printed by Rivington, Marshall and Bye*, 1789, 4 vol. gr. in-8, demi-rel. v. ant. fil.

3440. Essays on various subjects of taste, moral and national policy. *Georgetown*, 1822, in-8, cartonné.

3441. Éléments de science morale, comprenant l'éthique, l'économique, la politique et la théologie naturelle, par James Beattie, traduit de l'anglais par C. Mallet. *Paris, veuve Maire-Nyon*, 1840, 2 tomes en 1 vol. in-8, demi-rel. chagr. rouge, tr. jasp.

— Même ouvrage, même édition en 2 vol. in-8, demi-rel. v. viol. tr. jasp.

3442. Laws of Nature, the foundation of morals, by David Rowland. *London, Murray*, 1863, in-8, cart.

3443. Ethics of Theism, a criticism and its vindication, by the late R. Alex. Leitch. *Edinburgh*, 1868, gr. in-8, cartonné.

3444. Chambers's information for the people; new and improved edition edited by William and Robert Chambers. *Edinburgh, published by Will. and Rob. Chambers*, 1842, 2 vol. très-gr. in-8, à 2 col. figures dans le texte, rel. en v. gran. fil. dos orné, tr. dor. (*Rel. angl.*)

3445. Histoire des sociétés de tempérance des États-Unis d'Amérique, avec quelques détails sur celles d'Angleterre, de la Suède et autres contrées, dédiée à la Société de tempérance d'Amiens, par R. Baird. *Paris, Hachette*, 1836, in-8, v. dent. à comp. tr. marbr.

4. Politique.

A. Traités de paix.

2446. Histoire de la Souveraineté, ou Tableau des institutions et des doctrines politiques comparées de l'antiquité, par M. Alfred Sudre. *Paris, V. Lecou*, 1854, in-8, demi-rel. v. f.

3447. Politique d'Aristote, traduite en français d'après le texte collationné sur les manuscrits et les éditions principales, par J.-Barthélemy Saint-Hilaire. *Paris, Impr. royale*, 1837, 2 vol. in-8, demi-rel. v. f. fil. noirs, tr. jasp.

3448. Pléthon. Traité des lois, revu par C. Alexandre, traduit par A. Pellissier. *Paris, F. Didot*, 1858, in-8, demi-rel. mar. la Val.

3449. Pléthon. Traité des lois, ou Recueil des fragments en partie inédits de cet ouvrage, par C. Alexandre, traduction par A. Pellissier. *Paris, Firmin Didot*, 1858, in-8, demi-rel. v. f. tr. jasp.

3450. La République de Cicéron, par M. Villemain. *Paris, Didier*, 1858, in-8, demi-rel. v. f. tr. jasp.

3451. Dernières Vues de politique et de finance offertes à la nation française, par M. Necker. *S. l.*, 1802, in-8, cart.

3452. De l'Esprit de conquête et de l'usurpation dans leurs rapports avec la civilisation européenne, par Benjamin de Constant-Rebecque. *Paris*, 1814, in-8, demi-rel. v. f. tr. jasp.

3453. Réflexions sur les Constitutions, la distribution des pouvoirs et les garanties dans une monarchie constitutionnelle, par Benjamin Constant. *Paris, H. Nicolle*, 1814, in-8, demi-rel. bas.

3454. Opuscules politiques, 1814-1816, par M. Guizot. *Paris, Le Normant*, 1814-16, in-8, v. v. dent.

3455. Principes de politique, par M. Benjamin Constant. *Paris, A. Eymery*, 1815, in-8, demi-rel. v. ant.

3456. Tactique des Assemblées législatives, suivie d'un traité des sophismes politiques, ouvrage extrait des manuscrits de M. Jérémie Bentham, jurisconsulte anglais, par Et. Dumont. *Genève et Paris*, 1816, 2 vol. in-8, demi-rel. v. ant. tr. jasp.

3457. Théorie des Gouvernements, ou Exposition simple de la manière dont on peut les organiser et les conserver dans l'état présent de la civilisation en Europe, par le baron de Beaujour. *Paris, Firm. Didot*, 1823, 2 vol. in-8, demi-rel. v. tr. marbr.

3458. Nouveau Projet de paix perpétuelle entre tous les peuples de la chrétienté, basé sur une délimitation fixe et naturelle des territoires nationaux et sur la propagation des sentiments religieux et philanthropiques. *Paris*, 1826, 2 vol. in-8, demi-rel. v. tr. jasp.

3459. Discours politiques prononcés dans les sessions de 1835 à 1851, par M. le comte de Montalembert. *Paris, Panckoucke*, in-8, demi-rel. v. f. tr. jasp.

3460. Philosophie politique, ou de l'ordre moral dans les sociétés humaines, par Évariste Bavoux. *Paris, Delloye*, 1840, in-8, demi-rel. v. viol. tr. jasp. (*Envoi autogr. de l'auteur à M. Guizot.*)

3461. De la Réforme parlementaire et de la réforme électorale, par M. Duvergier de Hauranne. *Paris, Paulin*, 1847, in-8, demi-rel. v. v.

3462. Jérôme Paturot à la recherche de la meilleure des républiques, par Louis Reybaud. *Paris, Mich. Lévy*, 1848, 4 tom. en 2 vol. in-12, demi-rel. v. f.

3463. De l'Esprit des Constitutions politiques et de son influence sur la législation, par J.-P.-F. Ancillon. *Paris, A. Delhomme*, 1850, in-8, demi-rel. v. bl.

3464. Essais de politique et de littérature, par M. Prévost-Paradol. *Paris, Michel Lévy fr.*, 1851, 2 vol. in-8, demi-rel. v. f. tr. jasp.

SCIENCES ET ARTS.

3465. Essais de politique et de littérature, par Prévost-Paradol. *Paris, Michel Lévy*, 1859, demi-rel. chagr. vert. tr. jasp.

3466. Souvenirs et réflexions politiques d'un journaliste, par M. Saint-Marc Girardin. *Paris, Mich. Lévy*, 1859, in-8, demi-rel. v. f.

3467. La Démocratie, par Ét. Vacherot. *Bruxelles, A. Lacroix*, 1860, in-8, demi-rel. v. f. (*Quelques notes au crayon*.)

3468. Politique libérale, par Ch. de Rémusat. *Paris, Mich. Lévy*, 1860, in-8, demi-rel. chagr. viol.

3469. Philosophie des lois au point de vue chrétien, par M. L. Bautain. *Paris, Didier*, 1860, in-8, demi-rel. v. f. tr. jasp.

3470. Nouveaux Essais de politique et de littérature, par M. Prévost-Paradol. *Paris, Mich. Lévy fr.*, 1862, in-8, demi-rel. v. f. tr. jasp. (*Envoi d'auteur*.)

3471. Les Cahiers de 89, ou les Vrais principes libéraux, par Léon de Poncins. *Paris, Didier*, 1866, in-8, demi-rel. v. f. dos orné.

3472. Un Programme de paix européen, fondé sur le droit chrétien, en vue du congrès des souverains de l'Europe. *Leipsic, Otto Wigand*, 1867, gr. in-8, chagr. viol. compart. tr. dor.

3473. Le Progrès politique en France, par M. Dupont-White. *Paris, Guillaumin*, 1868, in-8, br. (*Envoi d'auteur*.)

3474. L'École de la République, par Ch. Gouraud. *Paris, A. Lacroix*, 1872, in-12, demi-rel. v. f.

3475. Le Comte Pelet de la Lozère. Pensées morales et politiques, précédées d'une notice sur sa vie et ses écrits, par Ern. Dhombres. *Paris, Mich. Lévy*, 1873, in-8, portrait, demi-rel. v. viol. tr. jasp.

3476. Mélanges politiques, 1814-1853, 50 pièces en 10 vol. in-8, demi-rel.

3477. Mélanges politiques, 1815 à 1860. Environ 500 pièces en 50 vol. in-8, demi-rel.

Recueil très-important.

3478. Mélanges de politique extérieure (1839-1868). Environ 80 pièces en 8 vol. in-8, demi-rel. v. ant.

La Russie et la Pologne, 1860-63. — Affaires militaires, 1865-1867, etc.

3479. Mélanges politiques, 1842-1858, 40 pièces en 7 vol. in-8, demi-rel.

SCIENCES ET ARTS.

3480. Mélanges politiques et administratifs, 1846-1855, 40 pièces en 6 vol. in-8, demi-rel.

3481. Mélanges politiques, 1848-64, 2 vol. in-8, demi-rel. (10 pièces.)

3482. Mélanges politiques. — Questions italiennes, 1849-1861, 40 pièces environ en 5 vol. in-8, demi-rel.

3483. Mélanges politiques, 1850 à 1860, 60 pièces environ en 8 vol. in-8, demi-rel.

3484. Anti-Machiavel, ou Essai de critique sur le Prince de Machiavel, publié par M. de Voltaire. (Ouvrage de Frédéric II, roi de Prusse.) *La Haye, Pierre Paupie,* 1740, in-8, v. f.

3485. Le Tradizioni popolari spiegate con la storia e gli edifici del tempo dal Cav. Carlo F. Dalbono. *Napoli,* 1841, 3 tom. en 1 vol. in-8, fig. cart.

3486. Saggi di Scienza politico-legale del dottore Baldassare Poli. *Milano,* 1841, gr. in-8, demi-rel. chagr. r.

3487. Wachsmuth. Geschichte der politischen Parteiungen alter und neuer Zeit. *Braunschweig,* 1853, 3 vol. in-8, demi-rel.

3488. Elementa philosophica de Cive, auctore Hobbes. *Amsterdam,* 1742, in-12.

Ex libris de Bachelet.

3489. Traité politique trad. en françois, où il est prouvé par l'exemple de Moyse, etc., que tuer un tyran, titulo vel exercitio, n'est pas un meurtre. *Lugduni,* 1658, pet. in-12, chagr. viol. fil. tr. dor.

Livre rare. Le titre qui manquait à cet exemplaire a été remplacé par un titre manuscrit.

3490. James Harrington. The Oceana and other works : the prerogative of popular government, — the art of lawgiving, — A system of politics, etc... *S. l.,* 1700, in-4, portrait et frontisp. demi-rel. v. ant. (*Le titre général parait manquer.*)

3491. Manual of political ethics, by Francis Lieber. *London, Smith,* 1839, 2 vol. in-8, cart.

3492. Political Philosophy. *London, Chapman,* 1842, 2 vol. in-8, cart.

3493. Essays on political and social science, by William Greg. *London, Longman,* 1853, 2 vol. in-8, cart.

3494. Considerations on representative government, by John Stuart Mill. *London, Parker,* 1861, in-8, cartonné.

3495. Mélanges politiques et littéraires en anglais. — Environ 80 pièces en 11 vol. in-8, demi-rel.

3496. RYMER. Fœdera, conventiones, litteræ et cujuscunque generis acta publica inter reges Angliæ et alios principes habita et tractata (1272-1377). *Londini*, 1816-1830, 3 tomes en 5 part. in-fol. demi-rel. n. rognés.

B. Économie politique et sociale, Finances, Charité.

3497. Histoire de l'économie politique en Europe, depuis les anciens jusqu'à nos jours, suivie d'une bibliographie raisonnée des principaux ouvrages d'économie politique, par Adolphe Blanqui. *Paris, Guillaumin*, 1827, 2 vol. gr. in-8, demi-rel. chagr. vert, tr. jasp.

3498. Les Économistes français du XVIIIe siècle, par M. Léonce de Lavergne. *Paris, Guillaumin*, 1870, in-8, demi-rel. v. f.

3499. Publicistes modernes, par H. Baudrillart. *Paris, Didier*, 1862, in-8, demi-rel. v. f.

3500. Des Systèmes d'économie politique, de leurs inconvénients, de leurs avantages, par M. Charles Ganilh. *Paris*, 1809, 2 vol. in-8, demi-rel.

3501. La Théorie de l'économie politique fondée sur les faits résultant des statistiques de la France et de l'Angleterre, par M. Ch. Ganilh. *Paris, Déterville*, 1815, 2 vol. in-8, demi-rel. v. tr. jasp.

3502. Traité d'économie politique, ou simple exposition de la manière dont se forment, se distribuent et se consomment les richesses, par Jean-Baptiste Say. *Paris, Déterville*, 1819, 2 vol. in-8, demi-rel. veau, tr. marbr.

3503. De l'Esprit des institutions politiques, par J.-A.-F. Massabiau. *Paris, Maradan*, 1821, 2 vol. in-8, demi-rel. v. ant. dos orné.

3504. Nouveaux Principes d'économie politique, ou de la richesse dans ses rapports avec la population, par J.-C.-L. Simonde de Sismondi. *Paris, Delaunay*, 1827, 2 vol. in-8, demi-rel. v. tr. marbr.

3505. Cours complet d'économie politique pratique, l'économie des sociétés, par J.-Bapt. Say. *A Paris, chez Rapilly*, 1828-29, 6 vol. in-8, demi-rel. v. f. fil. tr. jasp.

5506. Cours éclectique d'économie politique, écrit en espagnol par D. Alvaro Florez-Estrada, et traduit sur les manuscrits originaux de l'auteur, par L. Galibert. *Paris*, 1833, 3 vol. in-8, demi-rel. v. tr. marbr.

SCIENCES ET ARTS.

3507. Études sur l'économie politique, par J.-C.-L. Sismonde de Sismondi. *Paris, Treuttel et Würtz*, 1837, 2 vol. in-8, demi-rel. v. f. tr. jasp.

3508. Éléments d'économie politique, par Mme Mary Meynien. *Paris*, 1839. — Éléments d'économie politique, suivis de quelques vues sur l'application des principes de cette science aux règles administratives. *Paris*, 1817. — Ensemble 2 vol. in-8, v. et demi-rel. v.

3509. Cours d'économie politique, par M. P. Rossi. *Paris*, 1840-51, 3 vol. in-8, demi-rel. v. f. fil. noirs.

3510. Économie politique, ou principes de la science des richesses, par Joseph Droz. *Paris, J. Renouard*, 1846, in-8, demi-rel. v. viol. tr. jasp.

3511. Répertoire général d'économie politique, ancienne et moderne, par A. Sandelin. *La Haye, chez P.-H. Noordendorp*, 1846-47, 3 vol. gr. in-8, texte à deux col. maroq. noir, jans. tr. dor.

3512. Mélanges d'économie politique, d'histoire et de philosophie, par P. Rossi. *Paris, Guillaumin*, 1857, 2 vol. in-8, demi-rel. v. f. (*Envoi d'auteur.*)

3513. Principes d'économie politique, par M. Guillaume Roscher, traduits en français et annotés par M. L. Wolowski. *Paris, Guillaumin*, 1857, 2 vol. in-8, v. tr. jasp.

3514. Traité d'économie politique, par Joseph Garnier. *Paris, Garnier fr. et Guillaumin*, 1860, in-12, demi-rel. maroq. rouge, dos orné, tr. jasp.

3515. Atkinson, Principles of political economy 1840. — Twiss. Progress of political economy, policy of British empire. 3 vol. in-8, cart. et demi-rel.

3516. Mac-Culloch, the Principles of political economy. *Edinburgh*, 1843, in-8, mar. r. — The Litterature of political economy. *London*, 1845, in-8. cart. (*Envois d'auteurs.*)

3517. Das Reich des Besitzes, ein civilistische Abhandlung von Fr.-C. von Savigny, hersgg. von Rudorff. *Wien*, 1865, in-8, demi-rel. v. f. n. rogn.

Exemplaire en grand papier vélin.

3518. L'Individu et l'État, par M. Ch. Dupont-White. *Paris, Guillaumin*, 1857, in-8, demi-rel. chagr. brun, tr. jasp.

3519. Rondelet. Du Spiritualisme en économie politique. — La Morale de la richesse. — Mémoires d'Antoine, ou notions de morale. — Jules Duval, une Colonie d'aliénés. — Les Associations ouvrières. — Précis d'économie politique, etc. 12 vol. in-12, br.

SCIENCES ET ARTS.

3520. Le Suffrage universel et la souveraineté du peuple, 1874. — Du Romantisme politique. — Les Réformes nécessaires. — La Société française et la démocratie, 1870, etc. 11 vol. in-8 et in-12, brochés.

3521. La Liberté politique considérée dans ses rapports avec l'administration locale, par M. Dupont-White. *Paris, Guillaumin*, 1864, in-8, demi-rel. chagr. brun, la Vall. plats, toiles, tr. jasp. (*Envoi autographe de l'auteur à M. Guizot.*)

3522. Essay on the union of Church and State, by B.-W. Noël. *London, Nisbet*, 1849, gr. in-8, cart. n. rogn.

3523. Mémoire sur Antoine de Monchrétien, auteur du premier ouvrage d'économie politique, par Jules Duval, 1869. — Les Lois économiques, par de Metz Noblat. *Guillaumin*, 1867. — Le Régime constitutionnel, 1869. — Fragments politiques, par le comte de Chambrun, 1871. 4 vol. in-8, br.

3524. Mélanges d'économie politique et financière. Environ 60 pièces en 10 volumes in-8 et in-12, demi-rel.

3525. Mélanges d'administration et d'économie politique (impôts, commerce, colonies, etc.). 50 pièces en 6 vol. in-8, demi-rel.

3526. An Essay on the history of civil society. *Edinburgh*, 1814, in-8, demi-rel. mar.

3527. Nouveau Traité d'économie sociale, ou simple exposition des causes sous l'influence desquelles les hommes parviennent à user de leurs forces avec le plus de liberté, par Barth.-Ch. Dunoyer. *Paris, Sautelet*, 1830, 2 vol. in-8, demi-rel. veau, tr. marbr.

3228. Études sur l'économie sociale, par F. Marbeau. *Paris*, 1844. — Du Progrès social au profit des classes populaires non indigentes, par F. de la Farelle. *Paris, Guillaumin*, 1847. — Morale sociale, ou devoirs de l'État et des citoyens, en ce qui concerne la propriété, la famille, l'éducation, la liberté, l'égalité, l'organisation, etc., par Ad. Garnier. *Paris, Hachette*, 1850. — Ensemble 3 vol. in-8, demi-rel. v. et chagr. tr. dor. et jasp.

3529. Études sur la Société, par Léon Delaporte. *Paris, L. Hachette*, 1855, in-8, demi-rel. chagr. vert, tr. jasp. (*Envoi d'auteur.*)

3530. La Science de la société humaine, par Dimitry de Glinka. *Paris, Hachette*, 1867, in-8, demi-rel. chagr. tr. jasp.

3531. Essai sur le principe de population, ou exposé des effets passés et présents de l'action de cette cause sur le bon-

SCIENCES ET ARTS.   77

heur du genre humain, suivi de quelques recherches relatives à l'espérance de guérir ou d'adoucir les maux qu'elle entraîne, par T.-R. Malthus, traduit de l'anglais par P. Prévost. *Paris, J. Paschoud*, 1809, 3 vol. in-8, demi-rel. bas. n. rog.

Exemplaire interfolié.

3532. An Essay on the principle of population, or a wiew of its past and present effects in human happiness....by T.-R. Malthus. *London, John Murray*, 1817, 3 vol. in-8 demi-rel. dos et coins de mar. vert.

3533. Essai sur les garanties individuelles que réclame l'état actuel de la société, par P.-C.-F. Daunou. *Paris, Foulon*, 1819, in-8, demi-rel. v. tr. jasp.

3534. The Christian and civic Economy of large towns, by Thomas Chalmers. *Glasgow*, 1821, 2 vol. in-8, demi-rel.

3535. Morale sociale, ou devoirs de l'État et des citoyens, par Adolphe Garnier. *Paris, Hachette*, 1850, in-8, demi-rel. maroq. vert.

3536. La Liberté civile, étude critique sur les publicistes contemporains, par A. Berthauld. *Paris, Didier*, 1864, in-8, demi-rel. chagr. rouge, tr. jasp.

3537. Philosophie de la société, étude sur notre organisation sociale, par Paul Ribot. *Paris, Didier*, 1869, in-8, demi-rel. v. bleu. tr. jasp. (*Envoi d'auteur.*)

3538. Le Monde qui vient et le monde qui s'en va, par J. de Laprade. *Paris, E. Dentu*, 1871, gr. in-8, demi-rel. v. f.

3539. Mélanges d'économie sociale, chemins de fer, abolition de l'esclavage, échanges internationaux, 1844-1855, 5 vol. in-8, demi-rel.

3540. Traité de la police et de la voirie des chemins de fer, par M. Gand. *Paris*, 1846. — Considérations sur les chemins de fer, par J. Cordier. *Paris*, 1830. — De la Politique des chemins de fer et de ses applications diverses, par Ed. Teisserenc. *Paris*, 1842. (*Envoi d'auteur.*) — Des Chemins de fer, par M. le comte Daru. *Paris*, 1843. — Tableau des chemins de fer de l'Allemagne et du continent européen, par le baron P. de Bourgoing. *Paris*, 1842. — Les Chemins de fer et les postes en France et à l'étranger, par Jouhaud. *Paris*, 1841. — Ens. 6 vol. in-8, demi-rel. v. et chagr. tr. jasp. et dor.

3541. Les Grandes Usines de France, tableau de l'industrie française au xixe siècle, par Turgan. *Paris, A. Bourdilliat*, 1860, gr. in-8, figures, demi-rel. chagr. vert.

3542. Essai sur la liberté du commerce des nations, examen de la théorie anglaise du libre échange, par Charles Gouraud. *Paris, A. Durand,* 1853, in-8, demi-rel. v. f. tr. jasp. (*Envoi d'auteur.*)

3543. Examen du système commercial connu sous le nom de système protecteur, par Michel Chevalier. *Paris,* 1852. — L'Association douanière allemande, ou le Zollverein, par Henri Richelot. *Paris,* 1859. — Statistique de l'Espagne avec une carte, par Alex. Moreau de Jonnès, 1834. — Ens. 3 vol. in-8, demi-rel. chagr. et veau, tr. jasp.

3544. Histoire du système protecteur en France, depuis le ministère de Colbert jusqu'à la révolution de 1848, par Pierre Clément. *Paris, Guillaumin,* 1854, in-8, demi-rel. v. f. tr. jasp.

3545. Études sur les relations commerciales entre la France et la Belgique. *Paris,* 1844, in-8, demi-rel. v. tr. jasp.

3546. Statistique générale, méthodique et complète de la France, comparée aux autres grandes puissances de l'Europe, par J.-N. Schnitzler. *Paris, H. Lebrun,* 1846, 4 vol. in-8, demi-rel. v. f. fil. tr. jasp.

3547. La France et l'Angleterre, ou statistique morale et physique de la France, comparée à celle de l'Angleterre sur tous les points analogues, par le chevalier F. de Tapies. *Paris, Guillaumin,* 1845, gr. in-8, demi-rel. maroq. br.

3548. Histoire de la politique commerciale de la France et de son influence sur le progrès de la richesse publique, depuis le moyen âge jusqu'à nos jours, par Charles Gouraud. *Paris, Aug. Durand,* 1854, 2 vol. in-8, demi-rel. v. f. tr. jasp. (*Envoi de l'auteur.*)

3549. Statistique de l'industrie à Paris. *Paris, Guillaumin,* 1854, gr. in-4, demi-rel. mar. r.

3550. Rapports officiels. — Conventions diverses. — Tableaux de la justice, de l'intérieur et de la marine, de 1834 à 1843. — Ensemble 34 volumes in-4, maroquin rouge, filets, tr. dor.

3551. The industrial History of free nations, by Torrens Mac Culloch. *London,* 1816, 2 vol. in-8, cart.

3552. A Dictionary of commerce and commercial navigation, by Mac Culloch. *London,* 1840, gr. in-8, cartonné. (*Envoi d'auteur.*)

3553. Commercial Statistics, by John Mac Gregor. *London,* 1844, 2 vol. gr. in-8, cart. (Vol. I-II.)

SCIENCES ET ARTS.

3554. Intercolonial Exhibition of Australia. *Melbourne*, 1866-67. Official Record. *Melbourne*, 1867, gr. in-8, mar. r. fil. tr. dor.

3555. Ragguaglio delle cose operate dal ministero del commercio, belle arti, industria, agricoltura e lavori pubblici dall' anno 1859 al 1864. *Roma*, 1864, in-4, photogr. cart. toile, dent.

3556. De la Démocratie nouvelle, ou des Mœurs et de la puissance des classes moyennes en France, par Édouard Alletz. *Paris, J. Lequien*, 1837, 2 vol. in-8, demi-rel. v. bleu, tr. jasp.

3557. Le Travail des femmes au XIXᵉ siècle, par Leroy-Beaulieu. *Paris*, 1873. (*Envoi d'auteur.*) — L'Europe sauvée et la fédération, par Strada. *Paris*, 1868. — Essai sur les premiers principes des sociétés, par P. Garreau. *Paris*, 1859. — Ens. 3 vol. in-12, demi-rel. chagr. et veau, tr. jasp.

3558. Lettres sur l'organisation du travail, ou Études sur les principales causes de la misère et sur les moyens proposés pour y remédier, par Mich. Chevalier. *Paris, Capelle*, 1848, in-12, demi-rel. v. f. tr. jasp.

3559. History of the middle and working classes. *London*, 1833, in-12, cartonné.

3560. Better days for working people, by Blaikie. *London*, 1865, in-12, cart. — Heads and hands in the world of labour, by Blaikie. 1865. — Counsel and cheer for the battle of life, by the rev. Blaikie. 1867. — 3 vol. in-12, cart.

3562. De l'État moral, politique et littéraire de l'Allemagne, par M. Matter. *Paris, Amyot*, s. d., 2 vol. in-8, demi-rel. chagr. bleu, tr. jasp.

3563. Les Socialistes modernes, par Jules Breynat. *Paris, Garnier*, 1849, in-12, demi-rel. v. ant.

3564. Études sur les réformateurs ou socialistes modernes, par Louis Reybaud. *Paris, Guillaumin*, 1844, 2 vol. in-8, demi-rel. chagr. vert, tr. jasp.

3565. Ensayo sobre el catolicismo, el liberalismo y el socialismo, por D. Juan Donoso Cortes. *Madrid*, 1851, in-8, demi-rel. maroq. brun.

3566. De la Colonisation chez les peuples modernes, par M. Paul Leroy-Beaulieu. *Paris, Guillaumin*, 1874, gr. in-8, demi-rel. v. f.

3567. Histoire de l'émigration européenne, asiatique et africaine au XIXᵉ siècle, par M. Jules Duval. *Paris, Guillaumin*, 1862, gr. in-8, demi-rel. maroq. fauve.

3568. De la Réforme des prisons, ou de la théorie de l'emprisonnement, de ses principes, de ses moyens et de ses conditions pratiques, par M. Ch. Lucas. *Paris*, 1836,-38, 3 vol. in-8, demi-rel. v. f. tr. jasp.

3569. La Question pénitentiaire, par E. Robin. *Paris, J. Bonhoure* (1872), gr. in-8, demi-rel. v. vert.

3570. La Question pénitentiaire, par E. Robin. *Paris, s. d.*, in-8, br.

3571. Du Système pénitentiaire aux États-Unis et de son application en France, suivi d'un appendice sur les colonies pénales et de notes statistiques par MM. G. de Beaumont et A. de Tocqueville. *Paris*, 1833, in-8, demi-rel. v. viol. tr. marbr.

3572. Rapports à M. le comte de Montalivet, pair de France, sur les pénitenciers des États-Unis, par M. Demetz et M. Abel Blouet. *Paris*, 1837, pet. in-fol. demi-rel. v. bl.

3573. Lettre de l'auteur du concours ouvert à Genève en 1826 en faveur de l'abolition de la peine de mort, à l'un de ses honorables collègues du conseil souverain. *Genève*, 1827, in-4, demi-rel. v. f. tr. jasp.

3574. Éléments de finances, suivis de : Éléments de statistique de la misère, l'association et l'économie politique, par Joseph Garnier. — Du Principe de population, par le même. *Paris, Garnier fr. et Guillaumin*, 1857, 2 vol. in-12, demi-rel. maroq. tr. jasp.

3575. Du Crédit et de la circulation, par Auguste Cieszkowski. *Paris*, 1839. — Du Crédit foncier et des moyens de le fonder, par L.-P. Moreau. *Paris, chez L. Hachette*, 1841. — Ens. 2 vol. in-8, demi-rel. tr. jasp. et dor.

3576. Science des finances exposée théoriquement et pratiquement, et expliquée par des exemples tirés de l'histoire financière moderne des Etats de l'Europe, ouvrage traduit de l'allemand de M. de Jacob par Henri Jouffroy. *Leipsic et Paris*, 1841, 2 vol. in-8, demi-rel. v. f. tr. jasp.

3577. Système financier de la France, par M. le marquis d'Audiffret. *Paris, Guillaumin*, 1854, 5 vol. in-8, demi-rel. v. f. tr. jasp.

3578. De la Richesse dans les sociétés chrétiennes, par Charles Périn. *Paris, J. Lecoffre et Guillaumin*, 1861, 2 vol. in-8, demi-rel. chagr. viol. tr. jasp.

3579. Les Finances et la politique. De l'Influence des institutions politiques et de la législation financière sur la fortune publique, par M. Casimir Périer. *Paris, Mich. Lévy*, 1863, in-8, demi-rel. v. viol.

3580. De la Baisse probable de l'or, des conséquences commerciales et sociales qu'elle peut avoir et des mesures qu'elle provoque, par Michel Chevalier. *Paris, Capelle*, 1859, in-8, demi-rel. v. f. fil. noirs, tr. jasp. (*Envoi d'auteur.*)

3581. Wolowski. L'Or et l'Argent. *Paris, Guillaumin*, 1870, in-8, broché. — L'Industrie et l'octroi de Paris, par Michel Chevalier. 1867, etc. — 4 vol. in-8, br.

3582. Des Institutions de crédit foncier en Allemagne et en Belgique, par M. Royer. *Paris, Imprimerie royale*, 1845, gr. in-8, pap. vergé, demi-rel. maroq. vert foncé, dos orné, tr. jasp.

3583. Notice historique sur les impôts communaux de la ville d'Anvers, par A. Kreglinger. *Bruxelles*, 1845, pet. in-4, maroq. viol. fil. à comp.

3584. Assistance comparée dans l'ère païenne et l'ère chrétienne, suivie de l'exposé de l'assistance juive, par Martin Doisy. *Paris, J. Lecoffre*, 1853, in-12, v. ant. tr. jasp. (*Envoi d'auteur.*)

3585. Assistance comparée dans l'ère païenne et l'ère chrétienne, par Martin Doisy. *Paris, J. Lecoffre*, 1853, in-12, demi-rel. v. v. — La Vie future suivant la foi et suivant la raison, par Th.-H. Martin. *Paris, Ch. Delagrave*, 1870, in-12, demi-rel. v. f.

3586. Histoire de la charité pendant les quatre premiers siècles de l'ère chrétienne, par Martin Doisy. *Paris, J. Lecoffre*, 1848, in-8, demi-rel. v. f.

3587. Recueil de règlements et instructions pour l'administration des secours à domicile de Paris. *Paris, Mme Huzard*, 1829, in-4, demi-rel. maroq. noir, tr. jasp.

3588. De la Charité légale, de ses effets, de ses causes et spécialement des maisons de travail et de la proscription de la mendicité, par J.-M.-L. Naville. *Paris, P. Dufart*, 1836, 2 vol. in-8, demi-rel. v. vert, tr. jasp.

3589. Législation charitable, ou Recueil des lois, arrêtés, décrets, ordonnances royales... qui régissent les établissements de bienfaisance, mise en ordre et annotée, avec une préface, par le baron Ad. de Watteville. *Paris, Cotillon*, 1847, tr.-gr. in-8, demi-rel. v. f.

3590. Dictionnaire d'économie charitable, ou Exposé historique, théorique et pratique de l'assistance religieuse, publique et privée, ancienne et moderne... par M. Martin Doisy, publié par M. l'abbé Migne. *Paris, Migne*, 1855-1864, 4 vol. in-4 à 2 col. demi-rel. chagr. viol.

G.

3591. Histoire de l'assistance dans les temps anciens et modernes, par Alexandre Monnier. *Paris, Guillaumin*, 1856, gr. in-8, demi-rel. v. f. tr. jasp.

3592. Société philanthropique. Rapports et comptes rendus pour les années 1833 et 1834. *Paris*, 1834-1835, 2 vol. in-8, v. vert, fil. tr. dor.

2593. La Question de la charité et des associations religieuses en Belgique, par Ed. Ducpétiaux. *Bruxelles, s. d.*, gr. in-8, demi-rel. maroq. br.

3594. Belgique. — Documents sur le projet de loi relatif à la charité, 16 pièces réunies en 1 vol. in-4, demi-rel. v.

3595. Belgique. Débats sur le projet de loi relatif aux établissements de charité (21 avril-30 mai 1857). In-4, demi-rel.

3596. Enquête sur le paupérisme dans le canton de Vaud. *Lausanne*, 1841. — De la Charité dans ses rapports avec l'état moral et le bien-être des classes inférieures de la société, par E. Duchâtel. *Paris*, 1829. — Ens. 2 vol. in-8, demi-rel. v. tr. jasp.

Traite des noirs.

3597. Traités sur l'esclavage. — Tableau de l'esclavage tel qu'il existe dans les colonies françaises. — Haïti, ou Renseignements authentiques sur l'abolition de l'esclavage. — Faits et renseignements prouvant les avantages du travail libre sur le travail forcé. — Détails sur l'émancipation des esclaves dans les colonies anglaises pendant les années 1834 et 1835. — Ens. 5 pièces réunies en 1 vol. in-8, mar. bleu, fil. à comp. tr. dor.

3598. Proceedings at the first public meeting of Society for the extinction of the slave trade and for the civilisation of Africa. *London, W. Clowes*, 1840, in-8, mar. viol. fil. tr. dor.

3599. The third annual Report of the British and Foreign anti-slavery Society. *London*, 1842, in-8, mar. n. fil. tr. dor.

3600. The Slave trade and remedy, by Buxton. *London*, 1840. — Proceedings of the anti-slavery Convention. 1841. — Slavery in the United-States, etc. — 7 vol. in-8, cart.

3601. Précis de l'abolition de l'esclavage dans les colonies anglaises, imprimé par ordre de M. l'amiral baron Duperré. *Paris, Impr. royale*, 1840, in-8, demi-rel. v. bleu, tr. mar.

3602. Précis de l'abolition de l'esclavage dans les colonies anglaises, imprimé par ordre de M. l'amiral Duperré. *Paris, Imprimerie royale*, 1840, 3 vol. in-8, demi-rel. v. f. tr. jasp.

3603. The African slave trade and its remedy, by T.-F. Buxton. *London, Murray*, 1840, in-8, marb. bl. fil. tr. dor.

3604. De la Traite des esclaves en Afrique et des moyens d'y remédier, par sir Thomas Fowell Buxton, trad. de l'anglais par J.-J. Pacaud. *Paris, Arthus Bertrand*, 1840, in-8, mar. bl. compart. tr. dor.

3605. De la Traite des esclaves en Afrique et des moyens d'y remédier, par sir Thomas Fowell Buxton, traduit de l'anglais par J.-J. Pacaud. *Paris, Art. Bertrand*, 1840, in-8, demi-rel. chagr. brun, tr. jasp.

3606. Commerce et traite des noirs aux côtes occidentales d'Afrique, par E. Bouët-Villaumez. *Paris, Imprimerie nationale*, 1848, in-8, cart. demi-rel. chagr. brun, tr. jasp.

3607. De l'Esclavage, par W.-E. Channing. *Paris, Lacroix-Comon*, 1855, in-12, demi-rel. v. ant.

3608. Documentos relativos ao apresamento, julgamento e entrega da barca Franceza Charles et Georges e em géral ao engajamento de negros, apresentados as cortes na sessão legislativa de 1858. *Leiboa, imprensa nacional*, 1858, in-4, demi-rel. maroq. viol. tr. jasp.

3609. L'Abolition de l'esclavage, par Augustin Cochin. *Paris, J. Lecoffre*, 1861, 2 vol. in-8, demi-rel. mar. bl. (*Envoi d'auteur.*)

3610. L'Abolition de l'esclavage, par Augustin Cochin. *Paris*, 1861, 2 vol. in-8, demi-rel. chagr. viol. tr. jasp.

3611. De l'Esclavage, dans ses rapports avec l'Union américaine, par Auguste Carlier. *Paris, Mich. Lévy fr.*, 1862, in-8, demi-rel. maroq. rouge, tr. jasp. (*Envoi d'auteur*).

ÉDUCATION.

3612. Giraldus Cambrensis. De instructione principum libri III. *Londini*, 1846, in-8, cart.

3613. Histoire de l'éducation en France depuis le cinquième siècle jusqu'à nos jours, par A.-F. Théry. *Paris, Dezobry*, 1858, 2 vol. in-8, demi-rel. v.

3614. Histoire de l'éducation en France, depuis le cinquième siècle jusqu'à nos jours, par A.-F. Théry, seconde édition. *Paris, Dezobry*, 1861, 2 vol. in-12, demi-rel. v. f.

SCIENCES ET ARTS.

3615. De l'Éducation littéraire, ou essai sur l'organisation d'un établissement pour les hautes sciences, par M. Haffener. *Strasbourg*, 1792, in-8, maroq. rouge, fil. tr. dor. (*Rel. anc.*)

3616. Système de l'Université de France, ou plan d'une éducation nationale essentiellement monarchique et religieux, par M. Ambroise Rendu. *Paris, Nicolle*, 1816, in-8, demi-rel. v. ant. tr. marbr.

3617. L'Éducation progressive, ou étude du cours de la vie, par Mme Necker de Saussure. *Paris, Paulin*, 1826-38, 3 vol. in-8, demi-rel. v. f.

3618. Précis du système des progrès et de l'état de l'instruction publique en Russie, par Alex. de Krusenstern. *Varsovie*, 1827. — Education pratique, par Ch. Pictet. *Genève, an IX*. — Education du peuple, par Willm. *Strasbourg*, 1842. — Simples Conseils sur l'éducation du cœur, par Mme Herminie Thierry. *Montauban, s. d.*, demi-rel. chagr. viol. — De la Loi de l'enseignement, par Eug. Rendu. *Paris, s. d.*, in-8, demi-rel. v. — Loi sur l'enseignement, du 15 mars 1850, par J. Delalain. *Paris, J. Delalain*, — Ens. 6 vol. in-8 vélin-in12, demi-rel. v. tr. jasp.

3619. Considérations sur la nécessité et les moyens de réformer le régime universitaire, par Gasc. *Paris*, 1829. — Tableau de l'instruction primaire en France, par Lorain. *Paris*, 1837. — Essai sur l'Éducation des femmes, par la comtesse de Rémusat. *Paris*, 1824. — De l'éducation publique, par M. Corne. *Paris*, 1844. — Principes d'éducation, par H. Meineyer, traduits de l'allemand par J. Lochmann. *Paris*, 1837, 2 vol. — Du Rôle de la famille dans l'éducation, par T. Barrau. *Paris*, 1857. — De la liberté d'enseignement, par Prosper Lucas. *Paris*, 1831. — Du Pouvoir de l'Etat sur l'enseignement, par Troplong. *Paris*, 1844. Réflexions sur l'éducation morale et politique de l'homme, par A. de Laujon. *Paris*, 1835. —. Ens. 9 vol. in-8, v. et demi-rel. v. tr. dor. et jasp.

3620. Code universitaire, ou lois, statuts et règlements de l'Université royale de France, mis en ordre par M. Ambroise Rendu. *Paris, Hachette*, 1835, in-8, demi-rel. v. viol.

3621. De la Loi de l'enseignement, commentaire théorique et administratif, par Eugène Rendu. *Paris, Ch. Foucaut, s. d.*, in-8, demi-rel. mar. v.

3622. Principes d'éducation, par H.-A. Niemeyer, traduits de l'allemand par J.-J. Lochmann. *Paris*, 1837-42, 3 vol. in-8, v. viol. fil. tr. dor. (*Ouvrage dédié M. Guizot.*)

3623. Esquisse d'un système complet d'instruction et d'éducation, par Théodore Fritz. *Strasbourg*, 1841, 3 vol. in-8, demi-rel. v. viol.

3624. Mélanges sur l'instruction publique et l'instruction primaire, 1843-1860. — 100 pièces en 13 vol. in-8, demi-rel.

3625. La Première Année au collége, ou Essai sur la réforme de l'éducation et de l'instruction publiques, par M. C.-D. Gardissal. *Paris, Dezobry*, 1844, in-8, demi-rel. mar. la Val.

3626. Histoire de l'Instruction publique en Europe et principalement en France, depuis le christianisme jusqu'à nos jours, par M. Vallet de Viriville, illustrations archéologiques de F. Séré. *Paris*, 1849, in-4, fig. et blasons, color. demi-rel. mar.

3627. Œuvres de M. V. Cousin. *Paris, Pagnerre et Didier*, 1849-51, 6 vol. in-12, demi-rel. v. gris.

Littérature, 3 vol. — Instruction publique, 2 vol. — Discours politiques.

3628. De l'Éducation, par Mgr Dupanloup, évêque d'Orléans. *Orléans*, 1850, 2 vol. in-8, demi-rel. chagr. viol.

3629. Le Ver rongeur des sociétés modernes, ou le Paganisme dans l'éducation, par l'abbé J. Gaume. *Paris, Gaume fr.*, 1851, in-8, demi-rel. v. f. tr. jasp.

3630. Législation de l'instruction publique, contenant les lois, décrets, ordonnances, règlements et arrêtés actuellement en vigueur, recueillis et mis en ordre par Th.-H. Barrau. *Paris, L. Hachette*, 1851, in-8, demi-rel. v. f. tr. jasp.

3631. De l'Esprit chrétien dans les études, par M. Laurentie. *Paris, Lagny fr.*, 1852, in-8, demi-rel, maroq. brun, jans. tr. jasp. (*Envoi d'auteur.*)

3632. Le Budget de l'instruction publique, par Ch. Jourdain. *Paris, Hachette*, 1857. — De l'Instruction publique, par M. Emile de Girardin. *Paris, A. Desrez*, 1838, in-8, demi-rel. v. v.

3633. Revue de l'Instruction publique. 20e année, 1861, in-4, demi-rel. v. br.

3634. De la Philosophie dans l'éducation classique, par Ch. Bernard. *Paris, Ladrange*, 1862, in-8, demi-rel. v. bleu, tr. jasp.

3635. L'Administration de l'instruction publique, de 1863 à 1869, ministère de S. Exc. M. Duruy. *Paris, Jules Delalain*, in-8, demi-rel. v. f.

SCIENCES ET ARTS.

3636. Des Institutions d'instruction publique en France, par M. Cournot. *Paris, L. Hachette*, 1864, in-8, demi-rel. mar. br.

3637. Des Institutions d'instruction publique en France, par M. Cournot. *Paris, L. Hachette*, 1864, in-8, demi-rel. v. f. tr. jasp.

3638. Rapport sur l'organisation et les progrès de l'instruction publique, par Charles Jourdain, 1867, gr. in-8, br. et autres opuscules sur l'instruction publique et primaire. 20 br. in-8.

3639. L'Instruction publique aux États-Unis, par M. C. Hippeau. *Paris, Didier*, 1870, in-8, demi-rel. v. f.

3640. Champfleury. Les Enfants, 1872. — Les Femmes d'autrefois, 1869. — La Seconde Éducation des filles, par Nettement, etc. 6 vol. in-12, br.

3641. Les Études classiques et l'enseignement public, par J. Milsand. *Furne, Germer-Baillière*, 1872, in-12, demi-rel. v. f.

3642. Essai sur l'instruction publique, par Ch. Lenormant. *Didier*, 1873. — Quelques Mots sur l'instruction publique en France, par Mich. Bréal. *Paris, L. Hachette*, 1852. Ens. 2 vol. in-12, demi-rel. v. bleu, tr. jasp.

3643. Essai sur l'instruction publique, et particulièrement sur l'instruction primaire, par M. Ambroise Rendu. *Paris, A. Egron*, 1819, 3 vol. in-8, demi-rel. v. ant.

3644. Session de 1832. Loi du 28 juin 1833 sur l'instruction primaire, in-8, demi-rel. bas. tr. jasp.

3645. Manuel général, ou Journal de l'instruction primaire, de 1832 à 1849. *Paris, Hachette*, 1833 à 1849; 17 années, en 12 vol. in-8, demi-rel. v.

3646. Projets de lois sur l'instruction primaire, secondaire et publique, par MM. Guizot, de Falloux, de Salvandy et Villemain. *Paris*, 1836-50, 4 vol. in-8, demi-rel. v. f.

3647. Tableau de l'instruction primaire en France, par P. Lorain. *Paris, L. Hachette*, 1837, in-8, demi-rel. v. f.

3648. Recueil méthodique des lois, ordonnances, règlements, arrêtés et instructions relatifs à l'enseignement, à l'administration et à la comptabilité des écoles normales primaires, par M. Allard. *Paris, P. Dupont*, 1843, in-8, v. f. ant. fil. à comp. tr. dor. (*Envoi autographe de M. Allard à M. Guizot.*)

3649. Discussion de la loi sur l'instruction primaire, du 23 septembre 1842, d'après le Moniteur belge. *Bruxelles*, 1843, in-8, demi-rel. chagr. bleu, tr. marbr.

3650. L'Instruction primaire à Paris et dans le département de la Seine (1871-1872). Notes, mémoires et rapports, par M. Gréard. *Paris, Ch. de Mourgues*, 1872, gr. in-8, demi-rel. v. f.

3651. Le Livre du rectevr, catalogve des étudiants de l'Académie de Genève de 1559 à 1859. *Genève*, 1860, in-8, texte anc. demi-rel. v. f. tr. jasp.

3652. Notice sur le Collége de Rive, par E.-A. Bétant, suivie de l'ordre et la manière d'enseigner en la ville de Genève, avec sa description. *Gèneve*, 1866, in-8, br.

3653. Minutes of the Committee of council on education; with appendices 1840-1852, 17 vol. in-8, cart. — Reports of the commissioners of inquiry into the state of education in Wales, appointed by the committee of council on education. *London, Will. Clowes*, 1848, in-8, cart. — Public education as affected by the minutes of the committee... from 1846 to 1852; with suggestions as to future policy, by sir James Kay Shuttleworth. *London, Longman*, 1853, gr. in-8, cart. non rogn.

3654. Education Commission. *London*, 1860-61, 6 vol. in-8, demi-rel. mar. r.

3655. Education in England, 1836-67, 6 vol. in-8. demi-rel.
Recueil d'environ 60 pièces choisies sur l'éducation nationale et populaire en Angleterre.

3656. Contributions to the cause of education, by Pillans. *London, Longman*, 1856, in-8, cart. (*Envoi d'auteur.*)

3657. De l'Enseignement secondaire en Angleterre et en Ecosse. Rapport adressé à Son Exc. M. le ministre de l'instruction publique, par MM. J. Demogeot et N. Montucci. *Paris, Imprimerie impériale*, 1868, gr. in-8, demi-rel. v. f.

3658. Suggestions on popular education, by Nassau W. Senior. *London, John Murray*, 1861, in-8, cart, toile n. rog. (*Envoi d'auteur.*)

3659. Report on Education in the parochial schools of the counties of Aberdeen, by Simon Laurie. *Edinburgh*, 1865, in-8, demi-rel.

3660. De l'Enseignement secondaire en Angleterre et en Ecosse. Rapport adressé à Son Exc. M. le ministre de l'instruction publique, par MM. J. Demogeot et N. Montucci. *Paris, Imprimerie impériale*, 1868, gr. in-8, demi-rel. v. bleu, tr. jasp.

3661. The english Universities, from the german of A. Huber, a translation, by Fr. W. Newman. *London, Pickering*, 1843, 2 tomes en 3 vol. in-8, cartonnés, figures.

3662. The History of the university of Cambridge, by Thomas Fuller, edited by Prickett and Thomas Wright. *Cambridge*, 1840, in-8, cart. carte.

3663. Cambridge University transactions, during the puritan controversies of the 16 th. and 17 th. centuries, collected by James Heywood, and Thomas Wright. *London, Henry G. Bohn*, 1854, 2 vol. gr. in-8, avec 2 portr. cart. en percal. non rog. (*Envoi d'auteur.*)

3664. Rapport du surintendant de l'éducation dans le bas Canada. *Toronto*, 1856, et autres pièces sur l'éducation. — 10 parties en 1 vol. gr. in-8, demi-rel.

3665. L'Enseignement mutuel, ou histoire de l'introduction de la propagation de cette méthode par les soins du docteur Bell, de J. Lancaster, traduit de l'allemand de J. Hamel. *Paris, L. Colas*, 1818, in-8, cart. n. rog.

3666. Cousin (V.). Rapport sur l'état de l'instruction publique dans quelques pays de l'Allemagne, et particulièrement en Prusse. *Paris, Levrault*, 1833, in-8, demi-rel. bas. — Recueil des principaux actes du ministère de l'instruction publique, du 1er mars au 28 octobre 1840. *Paris, Ch. Pitois*, 1841, in-8, demi-rel. v. ant.

3667. Mémoire sur l'instruction secondaire dans le royaume de Prusse, par V. Cousin. *Paris*, 1837, in-8, demi-rel. v. rouge.

3668. De l'Éducation populaire dans l'Allemagne du nord, par Eugène Rendu. *Paris, L. Hachette*, 1855, in-8, demi-rel. v. f.

3669. Rapport sur l'état actuel de l'enseignement spécial et de l'enseignement primaire en Belgique, en Allemagne et en Suisse, par J.-M. Baudouin. *Paris, Imprimerie impériale*, 1865, in-4, demi-rel. v. f.

3670. Geschichte der Prager Universität, von Tourek. *Pragt*, 1849, in-8, demi-rel. v. ant.

3671. Sur l'Instruction publique dans les États sardes, par J. Depoisier, *Paris, J. Lecoffre*, 1847, in-8, demi-rel. v. f.

3672. Del Libero Insegnamento e della sua necessità onde rinnovare gli studi in Italia, per Pietro Peinetti. *Milano*, 1865, in-12, demi-rel. v. bl.

3673. Essai sur l'histoire de l'instruction publique en Chine et de la corporation des lettrés, par Edouard Biot. *Paris, B. Duprat*, 1847, in-8, demi-rel. v. f.

3674. Des Aveugles, par A. Dufau. *Paris*, 1850. — Essai sur l'état physique, moral et intellectuel des aveugles-nés, par

A. Dufau. *Paris, Impr. royale*, 1837. — Ens. 2 vol. in-8, demi-rel. maroq. brun, tr. jasp.

3675. Essai sur l'instruction des aveugles, ou Exposé analytique des procédés employés pour les instruire, par le D' Guillié. *Paris, imprimé par les aveugles*, 1819, in-8, cart. figures. (*Envoi d'auteur*.)

3676. Notice historique sur l'instruction des jeunes aveugles, par M. Guillié. *Paris, imprimé par les jeunes aveugles*, 1819, in-4, cart. caractères en relief.

SCIENCES PHYSIQUES ET CHIMIQUES.

3677. Theophylacti Simocattæ Quæstiones physicas et epistolas ad codd. recensuit... et notis instruxit Jo. Fr. Boissonade. *Parisiis, apud J. Alb. Mercklein*, 1835, gr. in-8, pap. vél. demi-rel. dos et coins de v. bleu, dos orné, non rog.

3678. L'Académie des sciences et les académiciens, de 1666 à 1793, par J. Bertrand. *Paris, F. Hetzel*, 1869, in-8, demi-rel. maroq. (*Envoi d'auteur*.)

3679. Mémoires de l'Institut, Académie des sciences, 1868. (Tome XXXVII, 1re partie.) — Sciences mathématiques et physiques. 1868. Tome XVIII. — 2 vol. in-4, br.

3680. De la Méthode *à posteriori* expérimentale et de la généralité de ses applications, par M. E. Chevreul. *Paris, Dunod*, 1870, in-12, demi-rel. v. bleu.

3681. Éléments de physique expérimentale et de météorologie, par M. Pouillet. *Paris, Béchet jeune*, 1832, 2 parties en 4 vol. in-8, demi-rel. v.

3682. Lettres sur les révolutions du globe, par Alex. Bertrand. *Paris, Just Teissier*, 1839, in-8, demi-rel. v.

3683. Galilée, les droits de la science et la méthode des sciences physiques, par Th.-Henri Martin. *Paris, Didier*, 1868, in-12, demi-rel. chagr. vert, tr. jasp.

3684. Quelques Mémoires sur différents sujets, la plupart d'histoire naturelle ou de physique générale et particulière. *Paris, impr. de A. Belin*, 1813, in-8, demi-rel. v. f.

3685. Memoria sullo incendio Vesuviano del mese di maggio 1855... dai socii G. Guarini, L. Palmieri ed A. Scacchi. *Napoli*, 1855, in-4, fig. demi-rel. mar. br.

3686. The Earth and Man : lectures on comparative physical geography, by Arnold Guyot. *Boston, Gould*, 1849, in-12, cart. toile, n. rog. (*Envoi d'auteur*.)

90 SCIENCES ET ARTS.

3687. Histoire de la chimie, depuis les temps les plus reculés jusqu'à notre époque, par le D' Ferd. Hœfer. *Paris, L. Hachette*, 1842, 2 vol. in-8, demi-rel. v.

3688. Cours de chimie, par M. Gay-Lussac, comprenant l'histoire des sels, la chimie végétale et animale. *Paris, Pichon et Didier*, 1823, 2 vol. in-8, demi-rel. v.

3689. Œuvres de Lavoisier, publiées par les soins de S. Exc. le ministre de l'instruction publique. *Paris, Impr. impér.*, 1864-1868, 4 vol. gr. in-4, portrait et nombreuses planches, cart. non rog.

3690. Travaux divers, par M. G. Cuzent. *Paris*, 1852-72, in-8, fig. demi-rel. v. ant. (*Envoi d'auteur.*)

Synthèses de pharmacie et de chimie. — Notice sur le guano des mers du Sud et des Iles Marquises. — Épidémie de la Guadeloupe (1865-66). — Voyage aux îles Gambier, etc.

SCIENCES NATURELLES.

3691. Plinii Secundi Historiæ mundi libri. *Lugduni, apud Frellonium*, 1563, in-fol. v.

Aux armes de Mazarin.

3692. Traditions tératologiques, ou Récits de l'antiquité et du moyen âge en Occident, sur quelques points de la Fable, du merveilleux et de l'histoire naturelle, publiés par Jules Berger de Xivrey. *Paris, Impr. royale*, 1836, in-8, cart. n. rog. (*Envoi d'auteur.*)

3693. Histoire des sciences naturelles au moyen âge, ou Albert le Grand et son époque, par F.-A. Pouchet. *Paris, J.-B. Baillière*, 1853, in-8, demi-rel. v. f. (*Envoi d'auteur.*)

3694. Étude de la nature, par H. Hollard. *Paris, Labé*, 1842, 4 tomes en 2 vol. in-12, demi-rel. mar. la Vall.

3695. Tableaux de la nature, par A. de Humboldt, traduits par Ch. Galusky. *Paris, J. Baudry*, 1851, 2 tom. en 1 vol. in-12, cartes, demi-rel. v. ant.

3696. Les Problèmes de la nature, par Auguste Laugel. *Paris, Germer-Baillière*, 1864, in-12, demi-rel. v. bl.

3697. La Genèse des espèces, études philosophiques et religieuses sur l'histoire naturelle et les naturalistes contemporains, par H. de Valroger. *Paris, Didier*, 1873, in-12, demi-rel. v. v.

3698. Atti della settima adunanza degli scienziani italiani tenuta in Napoli. *Napoli*, 1846, 2 vol. in-4, planches d'histoire naturelle, cart. n. rog.

3993. Rapport historique sur les progrès des sciences naturelles depuis 1789, et sur leur état actuel, présenté à S. M. l'Empereur et Roi, en son Conseil d'Etat, le 6 février 1808, rédigé par M. Cuvier. *Paris, Imprimerie impériale*, 1810, in-4, demi-rel. v. ant. tr. marbr.

3700. Cosmos. Essai d'une description physique du monde, par Alexandre de Humboldt, traduit par H. Faye. *Paris, Baudry*, 1848-59, 4 vol. in-8, demi-rel. chagr. bleu, tr. jasp.

3701. La Géologie et la minéralogie dans leurs rapports avec la théologie naturelle, par le révérend docteur William Buckland, traduit de l'anglais par M. L. Doyère. *Paris*, 1838, 2 vol. in-8, cart. n. r.

3702. La Création. Lettres d'un père à ses enfants, traduites de l'anglais. *Paris*, 1859, in-12 carré, demi-rel. v.

3703. The silurian System, founded on geological researches in counties of Hereford, Montgomery, etc., by R. J. Murchison. *London, Murray*, 1839, 2 part. en 1 vol. in-8, demi-rel. v. f.
37 planches.

3704. Recherches sur les ossements fossiles de quadrupèdes, où l'on rétablit les caractères de plusieurs espèces d'animaux que les révolutions du globe paraissent avoir détruites, par M. Cuvier. *Paris, Deterville*, 1812, 4 vol. in-4, avec planches, demi-rel. v. ant. dos orné.

3705. Saggio di zoologia fossile di Tommaso Antonio Catullo. *Padova*, 1827, in-4, rel. figures.

3706. Mélanges scientifiques, par Élie de Beaumont, d'Arcet, etc. 15 part. en 3 vol. in-8, demi-rel.

3707. Nouveau Dictionnaire de botanique,.. par E. Germain de Saint-Pierre. *Paris, J.-B. Baillière*, 1870, gr. in-8, nombr. figures dans le texte, demi-rel. chagr. violet. (*Envoi d'auteur*.)

3708. Flore française, ou Description succincte de toutes les plantes qui croissent naturellement en France... par M. le chevalier de Lamarck. *Paris, Impr. royale*, 1778, 3 vol. in-8, bas.

3709. Flore des environs de Paris, ou Description des plantes qui croissent spontanément dans cette région et de celles qui y sont généralement cultivées... par E. Cosson et Germain de Saint-Pierre. *Paris, V. Masson*, 1861, in-8, carte, demi-rel. v. f.

3710. Coup d'œil sur les forêts canariennes, sur leurs changements et leurs alternances, par Sabin Berthelot. *Paris*,

SCIENCES ET ARTS.

Béthune, 1836, gr. in-4, pap. vélin fort, avec 6 planches sur papier de Chine, cart.

3711. Le Théâtre d'agriculture et mesnage des champs d'Olivier de Serre, seigneur du Pradel, dans lequel est représenté tout ce qui est requis et nécessaire pour bien dresser, gouverner, enrichir et embellir la maison rustique. *Paris*, 1804, 2 vol. in-4, v. rac. portr.

3712. Allgemeine Culturgeschichte, von Wachsmuth. *Leipzig*, 1850, 3 vol. in-8, demi-rel. mar. v.

3713. Discours sur la vie de la campagne et la composition des jardins, par Alexandre de Laborde. *Paris, Lenormant*, 1808, in-8, pap. vél. demi-rel. mar. la Vall.

3714. Des Colonies agricoles et de leurs avantages... par M. L.-F. Huerne de Pommereuse. *Paris, impr. de Mme Huzard*, 1832, in-8, demi-rel. v. ant. dos orné.

3715. Aristotelis de animalibus historiæ libri X, græce et latine; textum recensuit, Jul. C. Scaligeri versionem diligenter recognovit, commentarium amplissimum... adjecit Jo. Gottlob Schneider. *Lipsiæ, in bibliopolio Hahniano*, 1811, *ex offic. Tauchnitziana*, 4 vol. in-8, v. rac. dent. dos orné.

3716. Æliani de Natura animalium libri XVII, græce et latine, cum priorum interpretum et suis animadversionibus, edit Jo. Gottlob Schneider. *Lipsiæ, sumtibus E. B. Schwickerti*, 1784, in-8, rel. en vél. blanc.

3717. Philosophie de l'histoire naturelle, ou Phénomènes de l'organisation des animaux et des végétaux, par J.-J. Virey. *Paris, J.-B. Baillière*, 1835, in-8, v. ant.

3718. Œuvres complètes de Buffon, avec les descriptions anatomiques de Daubenton ; édition publiée par M. Lamouroux. *Paris, Verdière et Ladrange*, 1824 et 1832, 40 vol. in-8, plus 4 vol. gr. in-8, d'atas col. demi-rel. v.

3719. Suites à Buffon. *Paris, Roret*, 1841, 34 vol. in-8, demi-rel. v. (*Sans planches.*)

3720. DESSINS ORIGINAUX. Collection de 113 dessins originaux, au lavis, de de Sève, pour Buffon, édition in-4, réunis en un vol. rel.

Il manque 8 dessins à la suite, et de 114 à 151 il n'existe que les gravures.

3721. Œuvres du comte de Lacépède, nouvelle édition, dirigée par M. A.-G. Desmarest. *Paris, chez Ladrange et Verdière*, 1826-33, 11 vol. in-8. demi-rel. v.

3722. Keepsake d'histoire naturelle. Description des mammifères, classification de Cuvier, texte de Buffon, par M. Ch.

d'Orbigny; ouvrage illustré par 140 dessins au coloris de Victor Adam. *Paris, Bazonche-Pigoreau*, gr. in-8, demi-rel. chagr. brun.

3723. Rapport sur les progrès de l'anthropologie, par M. A. de Quatrefages, publication faite sous les auspices du ministère de l'instruction publique. *Paris, Imprimerie impériale*, 1867, gr. in-8, demi-rel v. f. tr. jasp.

3724. L'Homme (homo). Essai zoologique sur le genre humain, par M. Bory de Saint-Vincent. *Paris, Rey et Gravier*, 1827, 2 vol. pet. in-12, maroq. rouge, fil. à comp. tr. dor.

3725. Souvenirs d'un naturaliste, par A. de Quatrefages. *Paris, Victor Masson*, 1854, 2 vol. in-12, demi-rel. v. vert.

3726. The Rambles of a naturalist on the coasts of France, Spain and Sicily, by A. de Quatrefages, translated by F. C. Otté. *London, Langman*, 1857, 2 vol. pet. in-8, cart. en percal. non rog.

3727. Unité de l'espèce humaine, par A. de Quatrefages. *Paris, L. Hachette*, 1861, in-12, demi-rel. v. ant. (*Envoi d'auteur.*)

3728. Métamorphoses de l'homme et des animaux, par A. de Quatrefages. *Paris, J.-B. Baillière*, 1862, in-12, demi-rel. v. v. — Examen du livre de M. Darwin sur l'origine des espèces, par P. Flourens. *Paris, Garnier*, 1864, in-12, demi-rel. v. v. (*Envoi d'auteur.*)

3729. Charles Darwin et ses précurseurs français, étude sur le transformisme, par A. de Quatrefages. *Paris, Germer-Baillière*, 1870, in-8, demi-rel. v. f.

3730. Histoire générale et particulière du développement des corps organisés, publiée sous les auspices de M. Villemain, ministre de l'instruction publique, par M. Coste. *Paris, Victor Masson*, 1847, in-4, demi-rel. v. f. tr. jasp.

Tome premier.

3731. Flourens (P.). Œuvres diverses. *Paris, Paulin, Hachette, Baillière et Garnier*, 1845-65. 11 vol. in-12, demi-rel. v. avec envoi autographe signé de l'auteur à M. Guizot.

Des manuscrits de Buffon. — Ontologie naturelle. — Découverte de la circulation du sang. — De la longévité humaine. — De la vie et de l'intelligence. — Instinct et intelligence des animaux. — Cuvier. Histoire de ses travaux. — Recueil des éloges historiques, 2 vol. — De l'unité de composition et du débat entre Cuvier et Geoffroy Saint-Hilaire. — De la raison, du génie et de la folie.

3732. Flourens (P.). Ontologie naturelle. — Psychologie comparée. *Paris, Garnier fr.*, 1864-65, 2 vol. in-12, demi-rel. v. viol. et br. (*Envoi d'auteur.*)

SCIENCES MÉDICALES.

3733. Histoire des sciences médicales, par Ch. Daremberg. *Paris, J.-B. Baillière*, 1870, 2 vol. in-8, demi-rel. v. f.

3734. Œuvres choisies d'Hippocrate, par le D^r Ch. Daremberg. *Paris, Labé*, 1852, in-8, demi-rel. chagr. viol.

3735. Considérations générales sur l'anatomie comparée des animaux articulés, par H. Straus-Durckheim. *Paris*, 1868, in-4, cart. n. rog. et atlas.

3736. De la Physiologie dans ses rapports avec la philosophie, par J.-J. Virey. *Paris, J.-B. Baillière*, 1844, in-8, demi-rel. v. f. viol.

3737. L'Amulette de Pascal, pour servir à l'histoire des hallucinations, par F. Lélut. *Paris, J.-B. Baillière*, 1846, in-8, demi-rel. chagr. vert clair, tr. jasp.

3738. Sir Henry Holland. Chapters on mental physiology. *London, Longman*, 1858, in-12, cart. — Medical notes. *London*, 1840, in-8, rel. (*Envoi d'auteur.*)

3739. Du Sommeil au point de vue physiologique et psychologique, par Albert Lemoine. *Paris, J.-B. Baillière*, 1855. — Des Soins à donner aux malades, traduit de l'anglais, précédé d'une lettre de M. Guizot et d'une introduction par M. Daremberg. *Paris, Didier*, 1862. — Ens. 2 vol. in-12, demi-rel. v. v. et v. bleu, tr. jasp.

3740. Les Lois de la vie et l'art de prolonger les jours, par J. Rambosson. *Paris, F. Didot*, 1871, in-8, demi-rel. v. bleu.

3741. La Longévité humaine, ou l'Art de conserver la santé et de prolonger la vie, par le Dr P. Foissac. *Paris*, 1873, in-8, demi-rel. v. bleu.

3742. Dictionnaire des sciences médicales, par une société de médecins et de chirurgiens. *Paris, D. Panckoucke*, 1820-22, 60 vol. in-8, demi-rel. v. vert.

3743. Report on the climate and principal diseases of the African station; compiled... under the immediate direction of sir William Burnett, by Alexander Bryson. *London, by Will. Clowes*, 1847, gr. in-8, mar. bleu, fil. dent. dos orné, tr. dor.

3744. De l'Organisation des facultés de médecine en Allemagne, par le docteur Jaccoud. *Paris, A. Delahaye*, 1864, in-8, br.

SCIENCES ET ARTS.

3745. Conférences sur l'homœopathie, par M. L. Simon. *Paris, J.-B. Baillière*, 1869, in-8, cart. (*Envoi d'auteur.*)

3746. Mémoires sur l'action des agents imperceptibles sur le corps vivant, par le professeur R. d'Amador. *Montpellier*, 1846, in-8, cart. n. rog.

3747. Traité de médecine légale, par M. Orfila, snivie du traité des exhumations juridiques. *Paris, Béchet*, 1836, 4 vol. et atlas in-8, v. orn. à froid, tr. marbr.

3748. Du Magnétisme animal en France et des jugements qu'en ont porté les sociétés savantes, suivi de considérations sur l'apparition de l'extase dans les traitements magnétiques, par Alex. Bertrand. *Paris, J.-B. Baillière*, 1826, in-8, demi-rel. v. f.

3749. Histoire critique du magnétisme animal, par J.-D.-F. Deleuze. *Paris, Mame*, 1813, 2 vol. in-8, demi-rel. v.

SCIENCES MATHÉMATIQUES.

3750. Veterum mathematicorum Athenæi, Apollodori, Philonis, Bitonis, Heronis et aliorum Opera, græce et latine, pleraque nunc primum edita. *Parisiis, ex Typogr. regia*, 1691, in-fol. figures, bas. marbr.

3751. Composition mathématique de Claude Ptolémée, traduite pour la première fois du grec en français, par M. Halma, et suivie des notes de M. Delambre. *Paris, Henri Grand*, 1813, in-4, figures, demi-rel. mar. r. non rog.

3752. Histoire générale des mathématiques depuis leur origine jusqu'à l'année 1808, par Charles Bossut. *Paris*, 1810, 2 vol. in-8, bas.

3753. Histoire des sciences mathématiques en Italie depuis la renaissance des lettres jusqu'à la fin du XVIIe siècle, par Guillaume Libri. *Paris, J. Renouard*, 1838, 4 vol. in-8, demi-rel. v. viol.

3754. Analytical view of sir Isaac Newton's principia by Henry lord Brougham and Routh. *London*, 1855, in-8, cartonné (*Envoi d'auteur.*)

3755. Défense de B. Pascal et accessoirement de Newton, Galilée, Montesquieu, etc., contre les faux documents pré-

sentés par M. Chasles à l'Académie des sciences, par M.
P. Faugère. *Paris, Hachette*, 1868, in-4, br. fac-similé.

<small>Exemplaire en grand papier, avec envoi autographe signé de l'auteur à
M. Guizot.</small>

3757. Lectures on Quaternions, containing a new mathematical method with some geometrical and physical applications, by sir Will. Rowan Hamilton. *Dublin*, 1853. gr. in-8, cartonné.

3758. Cours de géométrie élémentaire, par J.-C. Pascal. *Paris, Bachelier*, 1835, in-8, demi-rel. v. vert.

3759. Traité de mécanique. par S.-D. Poisson. *Paris, Bachelier*, 1833, 2 vol. in-8, demi-rel. v. vert.

3760. Exposé de la théorie mécanique de la chaleur, par M. Verdet. (*Paris*), 1863, in-8, demi-rel. dos et coins de maroq. bleu à nerfs jans. tête dor. n. rog.

3761. Traité des instruments astronomiques des Arabes, composé au XIIIe siècle, par Aboul Hassan Ali, de Maroc, traduit de l'arabe par J. Sédillot. *Paris, Impr. royale*, 1834, 2 vol. in-4, demi-rel. chagr. brun.

3762. Prolégomènes des Tables astronomiques d'Along-Beg, traduction et commentaire par M. L.-P.-E.-A. Sédillot. *Paris, Firm. Didot*, 1852, gr. in-8, demi-rel. chagr. brun.

<small>Un double exemplaire, n° 1043.</small>

3763. Les Fondateurs de l'astronomie moderne, par Joseph Bertrand, *Paris, J. Hetzel*, s. d. in-8, demi-rel. v. bleu. (*Envoi d'auteur.*)

3764. GLOBI STELLIFERI, sive sphæræ stellarum fixarum usus, authore Joanne Schonero. *Anno* 1533, pet. in-4, 28 feuillets, maroquin vert. tr. dor.

<small>PRÉCIEUX EXEMPLAIRE qui porte un autographe de PHILIPPUS MELANCHTHON ainsi conçu : *Ego Philippus Melanthon, rector Academiæ Witebrugensis testor hoc autographo N..., inscriptum esse in matriculam academiæ. Die decima may anno* 1538.
PHILIPPUS *manu propriâ.*</small>

3765. Of the Plurality of Worlds, an essay. *London, Parker*, 1853, in-8, cart.

3766. Notice sur l'astronomie, par E.-A. Tarnier. *Paris, impr. de Bachelier*, 1845, in-4, chagr. bleu fil.

3767. Tarnier. Théorie du mouvement elliptique des planètes. *Paris, Bachelier*, 1845, 2 part. en 1 vol. in-4, mar.

3768. Recueil d'observations géodésiques, astronomiques et physiques exécutées par ordre du bureau des longitudes de France en Espagne, en France, en Angleterre et en

Ecosse, rédigé par MM. Biot et Arago. *Paris*, 1821, in-4, demi-rel. v. f. tr. jasp.

3769. Annuaire des longitudes pour les années 1833, 34, 35, 36, 37, 1842 et 1844. *Paris, Bachelier.* Ens. 9 vol. pet. in-12, maroq. rouge tr. dor.

Les années 1834 et 1835 sont doubles.

3770. Considérations sur la marine et sur son budget, par M. le baron Tupinier. *Paris, Imprimerie royale*, 1841, in-8, v. rose fil. tr. dor.

3772. Essai pratique et démonstratif sur les moyens de prévenir les naufrages et de sauver la vie aux marins naufragés, contenant de courtes instructions pour porter secours aux hommes en péril, par M. le capitaine Manby, traduit par M. C.-A. Andriot. *Yarmouth*, 1836, in-8, figures, chagr. r. dent. dos orné, tr. dor.

3773. Histoire de l'art de la guerre, par le commandant Ed. de la Barre Duparcq. *Paris, Ch. Tanera*, 1864, in-8, demi-rel. v. f. tr. jasp.

3774. J. Frontini Strategematicon, cum notis variorum, curante Oudendorpio. *Lugd. Bat.*, 1731, in-8, vélin.

3775. Essai sur la défense des États par les fortifications, par un ancien élève de l'École polytechnique. *Paris*, 1826, in-8, maroq. brun, fil. et dent. à froid à comp. tr. dor.

3776. Batailles de terre et de mer jusques et y compris la bataille de l'Alma, par le contre-amiral comte I. Bouet-Willaumez. *Paris, J. Dumaine*, 1855, in-8, fig. demi-rel. mar. br.

3777. Storia dei progetti e delle opere per l'irrigazione del Milanese, di Giuseppe Bruschetti. *Lugano, G. Ruggia*, 1834. in-4, cartes, demi-rel. v. br.

MAGIE.

3778. La Magie chez les Chaldéens et ses origines Accadiennes, par Fr. Lenormant. *Paris, Maisonneuve*, 1874, in-8, br.

ARTS DIVERS.

3779. Isographie des hommes célèbres, ou collection de fac-simile de lettres autographes et de signatures. *Paris, Alex. Mesnier*, 1828-1830, 3 vol. in-4, demi-rel. v. vert non rog.

G.

3780. Étude sur Jean Cousin, suivie de notices sur Jean Leclerc et Pierre Woeiriot, par Ambr. Firm.-Didot. *Paris, Didot*, 1872, in-8, br. neuf portraits.

3781. La Chasse royale composée par le roy Charles IX ; nouvelle édition, précédée d'une introduction, par Henri Chevreul. *Paris, L. Potier*, 1857, pet. in-12, demi-rel. dos et coins de maroq. rouge, tr. peig.

3782. Livre du roy Charles, de la Chasse du cerf, publié pour la première fois d'après le manuscrit de la bibliothèque de l'Institut, par Henri Chevreul. *Paris, Aubry*, 1859, petit in-8, portr. demi-rel. chag. violet.

Tiré à 125 exemplaires.

3783. De la Pêche sur la côte occidentale d'Afrique et des établissements les plus utiles aux progrès de cette industrie, par Sabin Berthelot. *Paris, Arthus Bertrand*, 1840, gr. in-8, demi-rel. v. f.

CATALOGUE

DES

LETTRES AUTOGRAPHES

PRINCIPALEMENT DES XVI° ET XVII° SIÈCLES

COMPOSANT LA

COLLECTION DE FEU M. GUIZOT

Dont la vente aura lieu le lundi 3 mai 1875
à sept heures et demie précises du soir

Maison Silvestre, rue des Bons-Enfants, 28
Salle n° 1

Par le ministère de M° CHARLES PILLET, commissaire-priseur
10, rue de la Grange-Batelière.

Bossuet, — Colbert, — Mme Élisabeth, — Gustave-Adolphe, — Louis XIII, — duc de Lorraine, — cardinal de Lorraine, — Marie-Antoinette, — Meyerbeer, — Connétable de Montmorency, — Napoléon, *officier d'artillerie*, — Richelieu, — Saint-Simon, — Turenne.

PARIS

ADOLPHE LABITTE	ÉTIENNE CHARAVAY
LIBRAIRE DE LA BIBLIOTHÈQUE NATIONALE	EXPERT EN AUTOGRAPHES
4, rue de Lille.	51, rue de Seine.

1875

CONDITIONS DE LA VENTE.

La vente se fait au comptant.

Il y aura exposition, le jour de la vente, de deux heures à quatre heures.

L'authenticité des pièces est garantie.

Les commissions sont reçues chez M. ÉTIENNE CHARAVAY, rue de Seine, 51, et chez M. AD. LABITTE.

AUTOGRAPHES

3784. **ADAMS (Samuel).**

Lettre autographe signée au major général Gates, datée de Boston, 19 septembre 1779. 1 page in-4.

3785. **ADAMS (John).**

L. aut. s. *à Son Excellence Monsieur Franklin, à Passy*, 29 février 1780. 1 p. in-4. (*L'endos est de la main de Franklin.*)

3786. **ARNAULD D'ANDILLY.**

L. aut. s. *de Paris, le 10 août 1636.* 3 pag. in-4.

Très-belle pièce. Cette lettre est adressée au maréchal de Brézé, gouverneur d'Anjou.

3787. **ASSEMBLÉE CONSTITUANTE** (membres de l').

7 lettres autographes :
   1° VOLNEY. L. aut. s.; 1 p. in-8.
   2° BARÈRE DE VIEUZAC. 1 p. in-8 non sign. (Extrait.)
   3° THOURET. Motifs d'un jugement. 1 p. in-4, non sign.
   4° CLERMONT-TONNERRE (comte de). 1 p. in-4, aut. sign. Recommandation.
   5° RABAUT DE ST-ÉTIENNE *à M. Griolet.* 4 p. in-4, non signées, sur l'étude du grec.
   6° ADRIEN DUPORT (sous le nom de Simonet), **3 pag.** in-4. L. aut. signée.
   7° COMTE DE MONTLOSIER. 3 pag. in-4, aut. signée.

3788. BENTHAM (Jeremiah).

Aut. et lettres qui lui sont adressées (en anglais) :
1° Minute aut. non signée d'une lettre à Henry Brougham, *mars* 1830. 1 feuille in-folio, couverte de corrections. Elle commence ainsi : *Naughty Boy.*
2° JÉRÉMIE BENTHAM au duc de Wellington, 12 décembre 1829. 8 pag. in-4 corrigées de la main de Bentham.
3° BUTLER à Jeremiah Bentham, 1764. 1 p. in-4, aut. sign.
4° ABBOT au même, 1789. 1 p. in-4, sign.
5° TOWNSEND (Joseph) au même, 1794. In-4, aut. sign.
6° REMILLY au même. 1 p. in-4, aut. sign.
7° LANSDOWNE au même, 1785. In-4, 2 pag. aut. sign.

3789. BOIELDIEU.

L. aut. sig. 1 p. in-4, 17 octobre 1832.

Pension réclamée.

3790. BONAPARTE (Joseph).

1° Billet aut. sig. du 31 janvier 1807. In-8.
2° L. aut. sig. *de New-York*, 1er août 1824. 2 p. in-4.

3791. BONAPARTE (Caroline), à Joachim Murat, son mari.

2 lettres aut. sig. : l'une in-4, 3 p., 26 *février* 1810; l'autre in-8, 10 pag., 3 *mars* 1810.

—— MURAT (Joachim), roi de Naples.

L. s. 15 *juillet* 1815, à Lord Wellington. 3 pag. in-4.

3792. BONAPARTE (Élisa), princesse de Lucques et de Piombino.

L. aut. s. *du* 28 *avril* 1807. 1 pag. in-8.

3793. BOSSUET.

Pièce avec corrections aut. 1 p. in-folio.

Avant-propos du premier sermon pour le jour de la Nativité de la Sainte-Vierge. (Prêché en 1659 ou 1660, à l'Hôpital général.)

3794. CATHERINE II, impératrice de Russie.

Enveloppe de lettre sur laquelle sont ces mots autographes : *A Monsieur mon frère et cousin le Roy de Suède.* Le cachet aux armes de Russie est intact.

3795. COLBERT.

L. aut. sig. du 25 *novembre* 1667, à M. l'abbé Le Tellier. 1 p. in-4.

Vous voulez que je me réjouisse avec vous du don que le roy vient de vous faire de l'abbaye de Saint-Etienne de Caen...

3796. CONDÉ (duc de Bourbon, prince de).

4 lettres signées à lui adressées : sur la naissance de son fils (prince de Condé mort en 1818), par CHARLES, électeur Palatin ; ÉLISABETH-CHARLOTTE D'ORLÉANS, duchesse de Lorraine ; FRANÇOIS-MARIE D'ESTE, duc de Parme ; MARIE-AMÉLIE D'AUTRICHE, électrice de Bavière.

3797. DIVERS.

11 pièces signées :
ROUGET DE LISLE. L. aut. sign.
PAUL RABAUT. L. aut. s.
LEGENDRE (de l'Institut). L. aut. s.
CHOISEUL-GOUFFIER. L. aut. s.
LE DUC D'OTRANTE. L. aut. s.
DUPUYTREN. Ordre de service.
JULES DE POLIGNAC. L. aut. s. etc.

3798. ÉCRIVAINS ANGLAIS.

3 pièces en anglais :
1° WILBERFORCE. L. aut. s. à Lord Wellesley, 19 *août* 1826. 4 pag. in-4.
2° GAISFORD (Thomas). 2 pages in-4, 9 novembre 1831.
3° Dr CHALMERS. L. a. s. 2 pag. in-4.

3799. ÉLISABETH (Madame), sœur de Louis XVI.

Billet aut. s. (à madame la marquise de Raigecourt, mademoiselle de Causans, élevée à Saint-Cyr), le 7 aoust 1791. 1 p. in-12.

Je ne t'écris qu'un mot, ma chère R***, parce qu'il est tard...

3800. FRANKLIN (Benjamin).

L. aut. s. à sa femme. 1 p. in-4.

3801. GATES (Horatius).

L. aut. s. au général Washington. *Philadelphie*, 31 janvier 1777.

Il a pris des mesures d'hygiène contre la petite vérole. — L'endos de la lettre est de la main de WASHINGTON.

3802. **GÉNÉRAUX FRANÇAIS.**

 22 pièces in-4 et in-8, sig. Les signatures sont : Caffarelli-Dufalga, — Hoche, — Duc de Valmy, — Vandamme, — Pichegru, — Kleber, — Moreau, — Berthier, — Desaix, — Bernadotte, — Serurier, — Rampon, — Lasalle, — etc.

3803. **GÉNÉRAUX FRANÇAIS.**

 21 pièces signées, in-4 et in-fol. Signatures de Lanusse, — Grobert, — Songis, — Dumas, — Vial, — de Lespinasse, — etc.

3804. **GUILLAUME III**, roi d'Angleterre.

 Signature avec cachet, au bas d'une pièce en hollandais. 1 p. in-fol. datée de 1696.

3805. **GUISE** (duchesse de), morte en 1656.

 État des dépenses de la maison de la duchesse de Guise et de sa fille la duchesse de Montpensier, pendant le mois d'octobre 1619, précédé de l'état de sa maison.

 Documents curieux.

3806. **GUSTAVE-ADOLPHE**, roi de Suède.

 L. aut. s. de *Stockholm*, 1626.

3807. **HENRY** (Patrick) (de la guerre de l'indépendance).

 L. aut. s. 8 *septembre* 1777, au général Washington. (*L'endos de la lettre est de la main de Washington.*) 1 p. in-fol.

 Sur la défense du pays et les milices.

3808. **JACQUES III**, prétendant au trône d'Angleterre (plus connu sous le nom du chevalier de Saint-George).

 Pièce aut. s. *Jacobus R.*, écrite en latin. Billet de recommandation donné à Lord Willoughby. *Apud Pontem-Ferratum*, 30 *julii* 1719. 5 lignes en travers.

3809. **JAY** (John).

 L. aut. s. au Dr Franklin, datée de *New-York*, 20 octobre 1786. 1 p. in-4. (*L'endos est de la main de Franklin.*)

3810. JEFFERSON (Thomas).

    L. aut. s. *Paris, 6 août* 1787. 1 p. in-4.

    Présentation du Dr Gibbons à Franklin. L'endos de la lettre est de la main de Franklin. Belle lettre.

3811. LINCOLN (général) (de la guerre de l'indépendance).

    L. aut. s. au major Thomas Pinchney, 1779. 1 p, in-4.

3812. LIVINGSTON (Robert R.) (chancelier de New-York et premier secrétaire aux affaires étrangères).

    L. aut. s. à Georges Clinton, 28 *avril* 1777, 2 p. in-4.

3813. LOUIS XIII.

    1° L. aut. s. *A mon cousin le mareschal de Brezé de Varenne*, 14 *août* 1641. 1 p. in-4.

    Mon cousin, je vous escris ce billet pour vous faire sauoir que mon intantion est que vous sejourniez demain, pour reposer les troupes... Je sejourne demain ici et M. le cardinal à Blérancourt.

    2° Articles proposés par le Gouverneur de Donchéry, corrigés au crayon par Louis XIII, 1er *août* 1641. 1 p. in-fol.

3814. LOUIS XIII.

    L. sig. *au camp devant Montauban, août* 1621. 1 p. in-folio.

3815. LORRAINE (Henry de), duc de Guise, dit le Balafré.

    L. aut. s. 3 pag. in-fol. avec suscriptions, cachets emportés. Très-belle pièce. Elle est adressée à monsieur de Crosne, secrétaire d'Estat, et commence ainsi :

    Monsieur de Crosne, je ne fais point de response au Roy sur une lettre quil luy a plu mescrire pour auoir mon avis sur la venue de reistres, etc.

3816. LORRAINE (cardinal de).

    L. aut. s. au Roy, datée de *St-Dizier, le 6 de décembre* (1567.)

    Il assure le roi de sa fidélité et le remercie de la confiance qu'il a en lui. Cette lettre porte en suscription : *Au Roy, mon souuerain Seigneur*. Cette lettre a été pliée en longueur et porte des traces de cachet.

3817. MADISON.

    L. aut. s. en anglais. 1 page in-4.

3818. MAGLIABECCHI.

L. aut. s. en italien, à Dom Germain, bénédictin de la Congrégation de St-Maur. 5 pag. in-12.

De Florence, 1688. Questions littéraires et archéologiques.

3819. MARCEAU (le général).

L. aut. s. 2 *vendémiaire, an IV*, au général Dejean. Ordre de service.

3820. MARIE-ANTOINETTE et LOUIS XVI.

L. aut. s. *Marie-Antoinette*, et apostille signée *Louis*. A la princesse de Lamballe. 3 pag. in-8.

J'ai appris avec une bien vive douleur, ma chère Lamballe, la mort de votre mère...
Le Roy entre et veut vous ajouter quelques mots :
— Un mot, un seul, Madame et chère cousine, mais un mot du fond du cœur : vous savez combien nous vous aimons. Que Dieu soit avec vous.

3821. MÉDICIS (Laurent de). (1448-1492.)

Billet aut. s. en italien, à son intendant à Rome.

En travers.

3822. MEYERBEER.

L. aut. s. 3 pag. in-4, (un coin déchiré). *Bade, le* 30 *décembre* 1832.

A monsieur Edmond Blanc... J'avoue que les nombreux succès que je vois obtenir à mon *Robert le Diable* en Allemagne me stimulent beaucoup à travailler ferme à mon nouvel opéra...

3823. MIRABEAU (Gabriel Riquetti, comte de).

L. aut. s. à la duchesse de Brunswick, *le* 25 *août* 1787.

Il est près d'être arrêté dans son voyage par un procès que lui fait un marchand de voitures; il lui demande de répondre pour lui, en sorte qu'il puisse faire ses affaires à Hambourg, où il a à conclure le marché de son grand ouvrage...

3824. MONK (George).

Ordre s., daté du 12 *mars* 1659.

Ordre adressé au colonel Robert Bennet.

AUTOGRAPHES.

3825. MONTMORENCY (connétable de).

L. s. *A mon cousin Mgr lévesque dauxerre, conseiller du Roy et son ambassadeur à Rome.* 1 p. in-fol.

Pour demander les bulles et provisions nécessaires à son neveu de Chastillon. Pièce datée de Chantilly, le onzième jour de novembre... (?)

3826. MONTMORENCY (Henri II, duc de), né à Chantilly en 1595, filleul de Henri IV.

Pièce signée. Ordre de payer huit cents livres pour un cheval.

3827. MONTMORENCY (Henri de), 1533-1614, second fils du connétable de Montmorency.

Pièce signée par laquelle il ordonne de payer quinze escus vingt sous pour deux voyages, dont l'un à Chantilly.

3828. MUSICIENS, etc.

2 pièces signées, in-4.
1° Demande d'audience, 21 avril 1831, signée par *Martin* et *Elleviou*.
2° Demande d'audience, 9 mai 1831, signée par *Gardel, Frédéric Duvernoy, Vestris, Nourrit*, etc. 1 p. in-4.
3° Loge réservée. Envoi signé par *Cherubini*. 1 p. in-4.

3829. NAPOLÉON Ier.

L. aut. s. *Buonaparte, officier d'artillerie.* 4 pag. in-8, (11 octobre 1791.)

Lettre très-curieuse, adressée à M. Pozzo di Borgo, alors colonel des gardes nationales d'Orcino ; il avait 27 ans et Bonaparte 22 ans.

Il donne au colonel et procureur général des conseils pour un petit coup d'Etat.

« Ce district a très-mal commencé, vous n'avez qu'un remède pour rétablir les choses... de casser de votre pleine puissance trois membres, d'en faire nommer trois autres... en attendant de les suspendre. Ce moyen est violent, peut-être illégal, mais indispensable, parce que trois mauvais et trois faibles et ignorans et tout est perdu »..... Pozzo di Borgo ne suivit pas ce conseil.

Ce précieux autographe a été offert à M. Guizot par M. Alexandre Arman, qui y a joint une notice intéressante.

3830. NECKER (M. et Mme).

L. aut. non signées, 31 décembre 1781. Lettre intime et réponse.

3831. PAGANINI.

L. aut. s. 8 *avril* 1832. 1 p. in-4.

Pénétré de douleur pour les maux qui accablent une partie de la

population et voulant payer ma dette à l'humanité, je désirerais donner un concert dont le produit serait consacré aux victimes du cruel fléau qui désole la capitale...
Très-belle lettre, apostillée.

3832. PAOLI (Pasquale).

L. aut. s. *San Fiorenzo, 10 marzo 1794.* 4 p. in-8.

Lettre curieuse, parce qu'elle donne plusieurs traits du caractère corse et de la politique de Paoli. Elle est accompagnée d'une copie et d'un envoi par M. Alexandre Arman.

3833. PEINTRES.

4 pièces in-8 et in-4.

1° DELACROIX (Eugène). 2 pag. in-4. 8 *mars* (?). Sollicitation.
2° GÉRARD (Fr.). 2 pag. in-4. 26 *avril* 1832. Sollicitation.
3° HORACE VERNET. 2 pag. in-4. *Rome, 21 décembre* 1832. Au général Rabusson. Compliments.

3834. RICHELIEU (le cardinal de).

14 lettres s. et 1 lettre signée *Armand, evesque de Luçon*, adressées à Mgr *le duc de Luynes, pair et connestable de France,* du 17 décembre 1620 au 10 octobre 1621.

(Dix de ces lettres portent des cachets, 1 est légèrement déchirée. La première lettre où le duc de Luynes soit appelé *Monseigneur* est du 5 mai 1621.) Ces lettres sont de la main de son secrétaire Charpentier.

L'importance de cette correspondance nous engage à en donner le détail :

1° *Paris*, 17 *décembre* 1620, 1 page in-fol. La reyne trouve mauvais ce qui s'est passé au Parlement..., etc.
2° *Paris, le jour de Noël* (1620), 1 page in-fol. Il félicite le duc de Luynes de l'heureux accouchement de sa femme... « La Reine me temoigne le contentement qu'elle reçut du vostre par ses lettres, et je puis vous asseurer quil est tres-sincère. »
3° *Paris,* 1ᵉʳ *janvier* 1621, 1 page in-fol. Lettre de compliments.
4° *Paris,* 9 *janvier* 1621, 1 page in-fol. Il lui envoie un gentilhomme. « Je me remets du tout à vostre volonté, qui en cette occasion comme en toute autre sera toujours la règle de la mienne. »
5° *Pluniers,* 5 *mai* 1621, 1 page in-fol. « MONSEIGNEUR... Je loue Dieu de tout mon cœur de voir le Roy tel que je l'ai preveu et ne doute point que la fin ne couronne l'œuvre. »
6° *Chinon,* 28 *mai* 1621, 1 page in-fol. « Pour moy, Monseigneur, je vous supplie de faire un estat très-certain de la continuation de la passion que j'ay à votre service... »
7° *Coussay,* 2 *juin* 1621, 2 pages in-fol. « Quant à ce qu'il vous plaist m'écrire touchant le cardinalat... »
8° *Bourgueil,* 17 *juillet* 1621, 2 pages in-fol. « Après cela il ne

me reste rien à vous dire... que de vous conjurer... de parachever ce que vous avez desja si heureusement commencé. »

9° *Bourgueil*, 26 *juillet* 1621, 2 pages in-fol. « La reyne... craint quon ayt desja voulu commencer a donner des meffiances d'elle. »

10° *Du Plessis-les-Tours*, 1er *août* 1621, 2 pages in-fol. « Après cela il ne me reste rien qu'à vous conjurer de n'oublier pas en telle sorte les absens que je n'aye mesme part en vostre mémoire et en vos bonnes grâces. »

11° *Du Plessis-les-Tours*, 26 *août* 1621, 1 page in-fol. « Monseigneur, La Reyne escrivant au Roy et à vous sur le subject d'une affaire qui me regarde... »

12° *Du Plessis-les-Tours, dernier août* 1621, 2 pages in-fol. « Quant à ce qu'il vous plust m'escrire de l'affaire de Rome, je me sens grandement vostre obligé de l'affection que vous avez pour moy en cela... Quoy quon vous die, vous cognoistrez, Monseigneur, si je suis véritable... »

13° *De Tours*, 5 *septembre* 1621, 1 page in-fol. Compliments.

14° *Richelieu*, 17 *septembre* 1621, 1 page in-fol. « Il m'est impossible de vous témoigner le ressentiment que j'ay du soing que vous avez eu de me conserver l'abbaye... » (Pièce gâtée sur le côté.)

15° *Blois*, 10 *octobre* 1621, 1 page in-fol. Lettre signée. Sur le siége de Montauban.

3835. RICHELIEU (le cardinal),

2 pièces signées, l'une *Armand, evesque de Luçon*, la seconde, *le Cardinal de Richelieu*. Celle-ci est un billet au maréchal de Brézé, devant Lens, l'autre est adressée à Monsieur de Chastillon.

3836. ROBERT (Léopold), peintre.

Lettre autographe signée, 14 *janvier* 1835 (Il est mort le 20 mars de la même année.) 4 pages in-4.

« Vous allez enfin voir et juger mon malheureux tableau ; si on savait tout ce qu'il m'a coûté d'ennuis, on serait peut-être indulgent. » Il est question aussi de M. de Sacy, consul de France.

Très-belle lettre.

3837. ROLAND (madame).

Billet aut. non signé. 2 pag. in-12.

Jolie pièce... « Les femmes ont une raison à elles et une manière de la traiter que les hommes n'entendent guères. »

3838. ROZE (le chevalier).

L. aut. s., écrite de Marseille, lors de la peste, datée du 8 octobre 1720. 2 pag. in-4.

Cette lettre est adressée, *à M. le lieutenant Guilermy, à la Bastide de M. de Laigle au cartier de la Poine* (sic). Il lui envoie six bouteilles d'une eau qui est tout ce qu'on a trouvé de plus guérissant... La bouteille coûte trente livres... Cette lettre a été passée au vinaigre.

3839. **RUTLEDGE** (John), président du premier congrès des États-Unis.

L. aut. s. 8 *avril*. 1 p. in-4.

3840. **SAINT-SIMON** (duc de).

16 lettres dont 14 autogr. signées et 2 signées, adressées au maréchal de Brézé, de 1630 à 1636.

Détails intéressants sur les événements de la cour.

3841. **SAINT-SIMON** (le duc de).

L. aut. au cardinal Gualterio. 9 mars 1722. 4 pag. in-4.

3842. **TURENNE.**

L. aut. s. 1 p. in-12, avec adresse et cachets. Lettre d'amitié à M. de ...... (?).

Très-belle pièce.

3843. **WALTER-SCOTT.**

L. aut. s. 1 p. in-8, en anglais.

FIN.

TABLE DES DIVISIONS.

THÉOLOGIE.

Nos

I. Religions anciennes.
    1. Généralités... 2601
    2. Religions orientales................................ 2602
    3. Religion des Grecs et des Romains............... 2614

II. Christianisme.
    1. La sainte Bible, Jésus-Christ et les Apôtres........... 2627
    2. Ouvrages mystiques. Vies des saints................... 2713
    3. Conciles. — Liturgie................................... 2729
    4. Histoire du christianisme. — Histoire des papes....... 2734
    5. Saints Pères.. 2798
    6. Théologiens catholiques............................. 2828
    7. Protestantisme....................................... 2920

JURISPRUDENCE... 3065

SCIENCES ET ARTS.

Sciences philosophiques.
    1. Généralités. — Logique............................. 3191
    2. Métaphysique.. 3222
    3. Morale... 3390

TABLE DES DIVISIONS.

Nos

4. Politique.
    A. Traités de paix.................................... 3446
    B. Économie politique et sociale, Finances, Charité..... 3497
    C. Traite des noirs................................... 3597
5. Éducation.. 3612
Sciences physiques et chimiques............................ 3677
Sciences naturelles....................................... 3691
Sciences médicales.. 3733
Sciences mathématiques.................................... 3750
Magie.. 3778
Arts divers... 3779

AUTOGRAPHES... 3784

FIN DE LA TABLE DES DIVISIONS.

Paris. — Typographie Georges Chamerot, rue des Saints-Pères, 19.

www.ingramcontent.com/pod-product-compliance
Lightning Source LLC
Chambersburg PA
CBHW070521100426
42743CB00010B/1905